BuddhAll

BuddhAll.

All is Buddha.

BuddhAll

密乘寶海 02

智慧成就拙火瑜伽

洪啓嵩

抽火是指我們生命原本具足的本然之火—智慧的本覺能量。當真正的拙火開啟時，
是人生中最大、最奇妙的喜樂。拙火瑜伽是引生我們身體海底輪中，
本覺的火大法界體性，穿透身體中央的中脈，打開身心纏縛的脈結，
使我們得到光明的覺性智慧，與無邊喜樂身心的微妙法門。

出版緣起

密法是實踐究竟實相，圓滿無上菩提，讓修行者疾證佛果的法門。

密法從諸佛自心本具的法界體性中流出，出現了莊嚴祕密的本誓妙法，以清淨的現觀，展現出無盡圓妙的法界眾相。

因此，密法的修持是從法界萬象中，體悟其絕對的象徵內義，並從這些外相的表徵、標幟中，現起如同法界實相的現觀。再依據如實的現觀清淨自心，了悟自心即是如來的祕密莊嚴。

從自心清淨莊嚴中，祕密受用諸佛三密加持，如實體悟自身的身、語、意與諸佛不二。依此不二的密意實相，自心圓具法界體性，而疾證佛果，現起諸佛的廣大妙用。

「若人求佛慧，通達菩提心；

父母所生身，速證大覺位。」

這是《金剛頂瑜伽中發阿耨多羅三藐三菩提心論》中所說的話，也是真言密教行者，修證所依止的根本方向。我們由這首偈頌，當能體會密教法中〈即身成佛〉的妙諦。由此也可了知，密法一切修證成就的核心，即是無上菩提心。

密法觀照法界的體性與緣起的實相，並將法界的實相，與自己的身心眾相，完全融攝為一，並落實於現前的生活當中。這種微妙的生活瑜伽，讓我們的生活與修證不相遠離，能以父母所生的現前身心，速證無上大覺的佛果。

一切佛法的核心，都是在彰顯法界的實相，而密法更以諸佛如來果位修證的實相，直接加持眾生的身、口、意，使眾生現證身、口、意三密成就，而直趨如來的果位，實在是不可思議的密意方便。而這也是諸佛菩薩等無數本尊，為眾生所開啟的大悲迅疾法門。

「密乘寶海系列」總攝密法中諸多重要法門，包含了密法中根本的修法、諸尊行法，以及成就佛身的中脈、拙火、氣脈明點及各種修行次第的修法。

其中的修法皆總攝為偈頌法本，再詳加解說教授。希望有緣者能依此深入密法大海，證得圓滿的悉地成就！

智慧成就拙火瑜伽——序

拙火瑜伽是引生我們本覺的火大法界體性，圓滿智慧成就的修證方便。此法以微妙善巧觀現空實相妙智，於自身中脈的海底輪中發起現空火大能量，穿透身體中央的中脈，打開纏縛的身心脈結，使我們得證光明的覺性智慧，與無邊喜樂身心。

真正究竟的拙火瑜伽，其引生的力量，是要來自對法界現空宇宙生命真相的正確認知，與對眾生永遠關懷的清淨菩提心。

因為具有了智慧與慈悲兩種力量，才能徹徹底底的把我們本覺的生命力量，全體開放出來，焚燒我們身心的障礙與煩惱。使我們的身心安住吉祥快樂，具備圓滿無缺的智慧光明。

當真正的拙火開啟時，那實在是人生中最奇妙的喜樂之事，在這剎那中，從海底輪源源自生的拙火暖樂，使我們身心的障礙，剎那間斷除了。

這時，我們的心中充滿了喜悅，身體柔軟安適，從每一個細胞滲透到每一個毛孔。身心自然的寂靜光明，這時或許我們才能體會真實的生命吧！

拙火引生我們生命中源源不絕的力量。我們的心開了，了悟現空的實相，將不再斤斤計較於生命中的虛幻妄境；我們的念頭活了宛轉自在，將不再自尋煩惱，自解脫於一切困局；我們的智慧啟發了，無住生心，創意不斷滋生能觀自在於現成法界；我們的心慈柔了，無有敵者，將愛著每一個人永具悲慈。

拙火瑜伽能開啟我們生命中的最深祕的光明實境，讓我們發現自己豐厚的覺性與悲憫，讓我們的身心安住喜樂，得到究竟的吉祥幸福。

本書明解了拙火瑜伽的真諦與要訣、迅速成就法。希望有緣的朋友能夠依此中得到總攝拙火瑜伽的心要，在日常生活中自然引生拙火，成就智慧拙火瑜伽，證得圓滿的悉地成就。

嗡！　唆哈！

洪啓嵩

目錄

出版緣起 003

序 006

前言 015

第一篇 拙火瑜伽的前行 027

第一章 拙火瑜伽的真諦 029

拙火的定義 029

拙火瑜伽源於火大的清淨體性 033

如何引生拙火 038

佛教與婆羅門教的拙火瑜伽 051
合於性空教義的佛法傳承 055
第二章 修持拙火的要訣 057
解決生命問題的拙火瑜伽 060
見到自性拙火 064
以空性為主體的拙火瑜伽 075
修持拙火的五大口訣 087
觀念通達自然引生拙火 093
第三章 修學拙火方便 099
在生活中自然引生拙火 099

修學拙火必當了知中脈呼吸 109
拙火自然生起法 124

第二篇 大圓滿拙火瑜伽 131

第一章 〈大圓滿拙火瑜伽〉修持總頌 133

第二章 皈命三寶 141
皈命自性的清淨體性 141
豁然還得本心 145
上師空行護法皆是一心所顯 152

第三章 大圓滿拙火瑜伽的緣起 157
拙火的相貌 158

拙火的體性 160
拙火瑜伽的密意 163
第四章 修習的方法 165
現觀拙火 169
法爾拙火的體性 174
圓滿的果位境界 178
第三篇 次第拙火修法 181
第一章 〈次第拙火修法〉修持總頌 183
第二章 拙火瑜伽的次第修法 195
緒論 195

修法皈命 199
祈請 201
體性加持 205
上師加持 207
本尊身的生起 212
內身三脈、四輪的生起 219
建立護身輪 227
修持九接佛風 249
拙火生起 256
拙火熾熱 289

交付持明大眾 313
現融惟一明點勝祕要 314
總持口訣 317

附錄

附錄 319
善財童子參訪勝熱婆羅門 320
《火喻經》巴利文〈律藏大品〉 331

前言

或許你已經學過拙火，或許你沒學過，或許你聽過而不熟；不管你們的程度如何，我的講說是想幫助大家更加釐清拙火的觀念，幫助大家瞭解，也希望以最快的方式，讓沒有修學過的朋友掌握到最根本的心要，讓大家不要耗費太多時間。

如果依照傳統的次第來跟大家講拙火法，那麼我必須先講說很多的體系理論、儀軌等。可能大家就得先修四加行，拜十萬個大禮拜等等之後，才可以修學二灌中的拙火瑜伽；但對我而言，我對佛法有另外的看法。

這令我想起古代佛陀時代，或大成就者住世的情景。

佛陀住世時，當時大部份的人碰到佛陀，只要因緣具足，就開悟了。這所代表的意義是：佛陀直接宣講最究竟的法，而當我們聽不懂時，他才跟我們講比較複雜的法。因為最究竟的法就是最簡單、最高深的法；但因為人本身太複雜了，所以，當佛陀跟我們講最簡單卻最究竟的法時，受法的人聽完之後會生起疑念：「就這麼簡單嗎？」此時佛陀只好講說比較複雜的法了。

像藏密行者的密勒日巴祖師苦修的故事。密勒祖師是一位山林行者，長期住山修行，請問大家，你如果是當時候的人，你一輩子能碰到他幾次呢？所以你若有幸碰到他，並向他求法，他不把所有的法都教你才怪！

所以我常講「一生一會」，就是希望大家能夠瞭解我面對你們的心境，這個心境是我把今天當作我跟大家見面的最後一天，下次我們會見面嗎？應該會，機會很大。但是我心裡面根本從來沒有想到要活到明天，為什麼這樣說呢？

我講這句話時，臉上並沒有流露出悲戚的表情，因為我活到今天或明天對我而言都是剛好，而活到一百歲對我來講也是剛好，壽命的長短對我而言都是一樣的。

所以，我的機會就是面對大家，我活著的唯一目的是讓大家成就，而且我把每次的見面當作是最後一次機會。這並不是悲觀，而是生命在呼吸之間這件事，我是清清楚楚、明明白白的。

所以我跟大家面對的今天就是今天，也就是我今天所講的話裡頭，一定有讓大家能夠完全成就的方法，而如果你下一次還能再聽到的話，那會使你成就的機緣更大。

其實密法拙火瑜伽體系的傳承始祖是帝洛巴尊者，帝洛巴乃西元一千年左右的印度人（相當於中國宋代），而那洛巴尊者是其弟子，那洛巴尊者原是一位王子，又是一位偉大的學者，擔任那爛陀大學的六門守護之一。

古代印度的大學都有各門守護，因為當時的辯論風氣很興盛，假使辯論辯輸了，整個大學都要跟著辯贏的人學，所以擔任佛教那爛陀大學六門守護的人，一定是精通佛法的頂尖學者。

這其中發生了一個故事：有一天，一位老婦人到了那洛巴的跟前，跟他講：「聽說你是一位偉大的學者，你對佛法已經全盤善巧通達了吧！」

那洛巴就說：「可以這麼講啦！」

老婦人接著再問：「那你對佛法的實證境界都全部圓滿了嗎？」那洛巴回答說：「我當然全部了澈無餘了！」

老婦人一聽就大哭起來，說像那洛巴這樣有學問的人，居然也說謊話，那洛巴就覺的很疑惑，於是老婦人就跟他講：「你雖然懂，但你沒有實證。」

那洛巴就問：「那到底誰才真正瞭解究竟境界呢？」

老婦人就跟他講：「你要去找我哥哥帝洛巴。」

帝洛巴是一位手上常常抓著魚的瘋子，當那洛巴決定去找帝洛巴時，有很多人就勸阻他，因為他是大學校長，卻去找一個大家公認為瘋子的人學佛法，實在是令人匪夷所思。但那洛巴還是不顧眾人的反對，決定出發去找帝洛巴，帝洛巴尊者的上師是金剛總持（金剛總持是加持根本）。

那洛巴經過一番辛苦的尋找，總算找到帝洛巴尊者，兩人就見面了。有一天，師徒兩人就坐在屋頂上，帝洛巴望著天上亮眼群星，開口說了：「唉呀！如果一位徒弟是真實對上師有全然的信心，那我叫他跳樓，他馬上就跳樓，那該有多好呀！」剛說完話，就聽到「碰！」的一聲，那洛巴已經跳下去了，帝洛巴後來用神通把那洛巴的傷給治好了。

「恆河大手印」就是由帝洛巴尊者傳給那洛巴尊者的，再由那洛巴傳給馬爾巴，馬爾巴傳給密勒日巴，密勒日巴傳給岡波巴，岡波巴再傳下去就成為四大八小噶舉傳承了。

那洛巴尊者流下了六種法，是以靈熱法為根本，包括幻身修法、夢觀修法、靈熱（拙火）修法、頗瓦（轉識自在）修法、遷識修法、光明修法，生命透過這六科修法即能成就，這就是那洛六法，也是白派（噶舉派）的主要傳承法門。

那洛巴傳下六法之後，各派都爭相學習，所以紅教、黃教、薩迦派都有拙火修法，而中國最早的拙火修法是從薩迦派來的，所以薩迦派的《道果》也是有拙火法。

因為密教的圓滿次第中，修持佛身最快速的方式，就是拙火瑜伽。

密教初灌修生起次第時，是隨時隨地要自觀本尊，自觀本尊成就之後，即進入二灌、三灌的圓滿次第；修習身內氣、脈、明點，打開三脈七輪之後，即成就報身。

所以氣、脈、明點的拙火修持報身法門，是比較後續發展出來的。我們可以由早期古代佛像身上開光時寫「嗡、阿、吽」三字知道這是古傳承，這是沒有修氣功的傳承；直到公元七世紀以後的佛像身上，才有「嗡、阿、吽、娑、哈」五個字的修法，才是屬於無上瑜伽部的傳承。

佛法的體系是空性的體系，但在修持法門的技巧上可以不斷的昇進，以前密法要修本尊觀來成就的本尊瑜伽，但我希望是本尊來修你們，也就是用自性來修學，這樣的講授即是大圓滿的拙火瑜伽。

人類的脈輪本身，是隨時在轉變當中，古代人眼睛的脈不會像現代人這麼複雜。

老子說：「五色令人盲，五音令人聾。」古代人無法聽聞我們現在這麼複雜而又變化快速的聲色，現代人的眼耳神經細胞比古人增生許多，古人若不經一番訓練，他若是走在現代城市的馬路上，由於反應速度不夠，肯定很容易就被車子撞死，對於現代絢麗多變的色彩，也必然無能快速辨認，因為他們不曾看過。

古人的大腦皮層所受過的刺激，以及思想活動，都不如我們現在這麼複雜。

但反過來說，現代人的腳力一定不如古人好，所以現代人的腳部神經也必然相對的萎縮許多。

尤其中國清朝時期的婦女，由於纏小腳的關係，那時候婦女腳部的脈都被堵住了，所以這種古今差異的狀況，就說明了人類身上的脈輪系統，會依著外在生活環境的不同，而產生相對應的增減，為什麼在這裡要說明這個，就是要避免大家陷入傳承裡面僵化的修持規定而不自拔，沒有上師講一句，你們不敢隨便越矩一步，但今天要修成就的是你們，而不是我，所以我要先把你們的心門打開之後，再跟你們講技巧，心門一打開，學技巧就比較容易了。

見地是修法核心

我能夠教給大家的，最主要並不是修法的技術，而是見地，見地才是核心，見地不能成就，但修法會究竟，譬如很多人把拙火法當作單純練氣的方法，用拙火練氣雖然可以在某些方面取得成就，例如可以成就仙道，或獲得長壽。但若想解脫，修行的核心是在見地，不在技巧上面，而是在空性的見地，技巧本身有它的宜忌，但有些屬於練氣的忌諱卻是不知從何而來的問號。

由於不解卻又畏懼忌諱，於是便把莫知其由的忌諱無限上綱，導致對於傳承的方法產生莫名的迷懼，結果就把傳承裡面很多只是當時的規定，當成不可逾越的規範，導致後來的修行者必須繞很多的遠路。

技巧本身是從我們現前的身體因緣裡面產生的，我們可以很如理的思惟應該這樣作，或那樣作，屬於技巧方面，大家都可以模仿使用，譬如打坐的毘盧七支坐法，佛教、道教、印度教的禪修者都可以用，所以技巧並不是核心點，而是見地才是真正的傳承，亦即背後指導打坐的用心才是重點。

我們的身心由地、水、火、風、空、識，或眼、耳、鼻、舌、身、意六根組合，生理條件若組合良好可以長壽，但若透過意識的殊勝見地去指導身體修行，才是超生越死的關鍵，否則也只是長壽的仙人，仍然是被自然法則所掌握，還是落在三界之中、五行之內。

因此，表相上的技巧可以複製，但背後的根本見地則大有不同，所以就拙火修習而言，我能跟大家清楚講明的，便是佛法的拙火修行見地，透過正見來看技巧面，基於我對人類身心的深刻認識，我可以很清楚的知曉技巧的進化性，並教導最直接、自然的修習方法，而這些方法有些也是非常獨特，許多方法是不共的，卻是簡單又自然的方法。

修持拙火瑜伽，其最切要的在於拙火瑜伽修持的秘密心要與口訣，是否能真實的得到受益和成就，最重要的關鍵點在於是否正確地掌握到修持的心要與見地，否則觀想的功夫再怎麼厲害，方法再怎麼熟悉，若是在見解上有所偏差或是背離，那就如同我們要搭程交通工具去美國，卻由於方向目標錯誤，所以即使坐的交通工具是噴射飛機，也永遠無法到達目的地。

修持拙火瑜伽也是同樣的道理，因此，仔細地如理思惟本篇的法要，雖然在許多的佛學名相上，較為深澀些，但是若能於其中一句的法義中得到受益的話，相信不論是對於我們現世的人生，或是在佛法的修行上，都會有莫大的幫助。

真實究竟第一義諦的法義，除非已修證圓滿成就，澈悟了宇宙的實相，否則，任何宣說的語詞，都只能詮釋此諸法實相中的一小部份。筆者個人不揣淺漏，雖然修證，未臻圓滿，但是由於承負佛陀深重法恩，因此，以自己所受的佛法正見及少分的修證經驗，勉力宣說，希望有緣的朋友，能真實得到利益。

在修習這個殊勝的法門之前，請先思惟一下，為何要學習此修法？

自己的心性是否清淨？

自己的業障是否清淨？

是否宛如無有染垢的清淨琉璃寶瓶，能夠傳承這無上智慧與慈悲雙運所成就的甘露妙法？

這樣的指示是希望修學者能夠現前清淨——受用此微妙修法。

學習此法是為了身心健康的緣故嗎？

還是為了智慧與悲心？

若是為了智慧，智慧是本有的，何必再開啟？所以應當如實地觀察自己的智慧何曾失去！這無上大悲忿怒母拙火瑜伽，它是體性中之事。

在此若不能體悟這個道理，不能體悟自己的自性、自己的智慧，從來沒有遺失過，自己的悲心本來具足，那麼這密明燦爛的火焰又如何生起呢？

修習此法時，眾生在我們這樣的思惟當中，又佔有何因緣呢？若是為了利益眾生，那就必須自己現觀起圓滿的清淨報身，否則就不能夠將這樣的發願、這樣的法之緣起圓滿；也無法以這樣的願力，來成就這個廣大的妙法。

在學習這樣的甚深大法之前，我們必須先深刻的懺悔，自己何因何緣受此大法？以及如何使這個法緣無限相續，使這個妙法的成就無限相續，使大悲忿怒母的拙火瑜伽廣大輪轉，在無間的未來，乃至自身未來成佛的時候，宣揚此法的如實因緣。

第一篇

拙火瑜伽的前行

第一章　拙火瑜伽的真諦

拙火的定義

拙火的梵名為Kuṇḍalinī或Caṇḍālī，音譯為軍荼利或真大利，而其意譯為忿怒母、丹田火或是靈熱，是屬於密教無上瑜伽部中極其重要的修法。

在《大乘要道密集》中，曾對拙火定（瑜伽）有所解說，文中以問答的形式說：

問：「何者是拙火定耶？」

答：「臍下觀熾盛火焰是拙火（定）也。」

這是說明拙火定是指在我們臍下之處，觀想有熾盛的火焰生起，就是拙火定。接著書中又進一步說明拙火的意義：

問：「何名拙火耶？」

答：「拙火，焠暴之義，火即是焰。修道之人自然臍下離四指許，元有血脈暖氣所盛，梵書黃色短啞（阿）字之相，其啞字頓然相成至極尖，炎然不能觸著；梵書紅色短啞字上暴發猛焰故，是名拙火也，亦名暴火定也。梵名贊撩里（Caṇḍālī），意翻云拙，即焠暴義。今臍下啞字上焠暴發火大故，名為拙火也。」

這是說明，我們在臍下四指許之處（海底輪），俱生本有的血脈暖氣，現在觀想梵文的短阿𑖀字，使短阿字成為極尖銳而熾然的暴發猛焰，就是拙火。

拙火瑜伽在無上瑜伽的傳承中，一般認為首先是由《喜金剛本續》（He vajra tantra 漢譯為《大悲空智金剛大教王儀軌經》）所傳出，其他以方便為主的密集金剛、大威德金剛等方便父續怛特羅經典，及以般若大樂為主的勝樂金剛等般若母續怛特羅經典，及以方便智慧無二續怛特羅經典，都有拙火的教授。但是屬於母續的喜金剛本續，還是受到極大的重視。

在宋朝法護所譯的《大悲空智金剛大教王經》中，曾說明拙火的發生情形：「最初贊拏梨（Caṇḍāli）明妃，從彼臍輪發大智火，焚棄五蘊，以佛眼母焚爐諸漏，除妄因緣故。」

這裏的贊拏梨明妃，即忿怒母、拙火，最初她從臍輪中發起大智之火，能夠焚棄我們身中的色、受、想、行、識等雜染的五蘊身心，並以佛眼母等焚爐諸漏，除去虛妄的因緣。

這裏的佛眼母，是指本經中前述的：「三身三業及伊鑁摩耶（E-vam-ma-ya），謂「伊」者，佛眼母菩薩、鑁者摩摩枳菩薩、摩者白衣菩薩及野者多羅菩薩。」等四位菩薩。

另外，在《大乘要道密集》中，則有此文的異譯。此書引《喜樂本續》（喜金剛本續）云：

「臍中發出拙火焰，而令焚燒五如來；
及燒佛眼佛母等，欱（hāṃ）字流注菩提心。」

而其後則解說：「是故臍下，將拙火之焰，焚燒色、受、想、行、識五蘊，及焚燒地、水、火、風四大，其拙火燄觸欱字頭，流注菩提心。」

《大乘要道密集》中的譯語，比起《大悲空智金剛大教王經》是清楚許多，而且也少了隱晦不明的語詞。但是由前後對照，即可知《喜金剛本續》中，直指五蘊即五如來的體性，而佛眼佛母等菩薩則代表著地、水、火、風四大的體性，這顯示了在無上瑜伽部中，直指我們的五蘊、五大的身心，即是五方佛及本尊的壇城，是自然而一貫的。

因此，我們了知，拙火瑜伽的修持，能讓我們去除五蘊的障礙，成就本然的五佛智慧，並銷融地、水、火、風的體性，具足無邊功德，除去所有的虛妄因緣與諸漏煩惱。而在修習的過程中，更能引生初喜、勝喜、離喜及俱生喜等四種大智樂境，明證五種神通，水火之毒不能侵害，所見所聞，都能覺起大樂，而生無分別智。

所以，《大乘要道密集》更說：

「若修習人，習此拙火定，即現身上證獲大手印成就，若現身不證，於中有中必證大手印成就，勿令疑焉。」

當然，這裏所說的大手印，是指由拙火瑜伽及圓滿次第等次第修學，所引生的空樂大手印；並非頓證法界體性的光明大手印或果大手印。不過，就圓證佛智而言，最後還是同樣的。

由以上的述說，我們可知拙火瑜伽，能夠讓我們得到世間的身心利益增長，及出世間的解脫佛智。

拙火瑜伽源於火大的清淨體性

拙火瑜伽的修法，源於火大的清淨體性，這其實與密教的法界緣起觀，有著極深的關聯。

密教以六大緣起來建構其法界觀。這六大又名六界（ṣaḍ dhātanaḥ），是有情身心所依的六種根本要素。六大包括：地（pṛthivi）、水（āpaḥ）、火（tejas）、風（vāyu）空（ākāśa）、識（vijñāna）。

在《中阿含經》卷三的〈度經〉中說：「云何六界法？我所自知自覺，為汝說：謂地界，水、火、風、空、識界，是謂六界法。我所自知自覺，為汝說也。以六界合故便生母胎。」這說明了，我們的身心，是由六界和合而生。

而六大中，地大具有堅性的特質，能任持萬物。水大具有濕的特性，能收攝萬物。火大以煖為特性，能成熟萬物。風大以動為特性，能增長萬物，空大以無礙為特性，作用是不障萬物。識大的特性是了別周遍，作用則是決斷。這六種要素所以被稱為六大，是因為它們能周遍一切的緣故。

在《大日經》卷二的〈具緣品〉中，有如下的偈頌：「

我覺（識大）本不生（地大），出過語言道（水大），諸過（火大）得解脫，遠離於因緣（風大），知空（空大）等虛空，如實相智生。」

在這偈頌之中，日本真言宗的開祖空海，解說為具有六大的內義，經文中的括號的文字（六大），即其說明。這是他在「即身成佛義」中，引《大日經》的字義所說：「阿字諸法本不生義，即是地大。縛字離言說，謂之水大。清淨無垢塵者，則囉字火大也。因業不可得，訶字門風大也。等虛空者，欠字字相即空大也。我覺者識，因位名識，果位謂智，智即覺故。」

依《俱舍論》卷一的說法，地、水、火、風等四界，為能造的四大種，為一切物質所依。空界是四外的竅隙，為成長之因。識界為有漏識，是有情生存之所依。其中前五界是屬於色（物質）法，識界則屬於心法。

這樣的說法，在密教中，得到了進一步的深化與發揮，而產生了「六大體大」、「六大無礙」、「六大緣起」等說法。

另外，在《大日經》卷五〈真實智品〉中所示：「

我即同心位，一切處自在。普遍於種種，有情及非情，阿字第一命，嚩字名為水，囉字名為火，𤙖（吽）字名忿怒（風），佉字同虛空。

此經文中，空海以首句的心即為識，後五句為五大，此中的「一切處自在，普遍於種種，有情及非情」三句，代表六大自在妙用無礙之德。如此的六大，能造一切佛及眾生、器界等四種法身：自性身、受用身、變化身、等流身，及三種世間：器世間、眾生世間、智正覺世間。

而這六大有以下的特質：六大遍一切法界，所以稱之為大，是一切之所依，因此稱為體大，這六大互具、互遍不礙，所以為六大無礙。而這六大的妙德，為諸法的體性，所以是法爾的六大。

而這法爾六大依緣而現出森羅萬象者，即稱為隨緣的六大。一切法界，依六大而起，即稱為六大緣起。但法爾即隨緣，隨緣即法爾，兩者不異不離。

因此，空海在〈即身成佛義〉中，又說：「

此所生法，上達法身，下及六道，雖粗細有隔，大小有差，然猶不出六大。故佛說六大為法界體性。諸顯教中以四大等為非情，密教則說此為如來三摩耶（samaya）身。四大等不離心大，心色雖異其性即同。」

所以，空海就以：「六大無礙常瑜伽，四種曼荼各不離。」來顯示六大體性，即法界體性自身，以自妙德而常瑜伽，能出生一切法身及世間，而顯示法界果德的四種曼荼羅（mandala）：法曼荼羅、三昧耶曼荼羅、大曼荼羅、羯磨曼荼羅，是一體同性恒不遠離的。

這樣的說法，與無上瑜伽部，以自身即為本尊及諸佛的輪壇曼荼羅是一致的。

依此理解，來回看拙火瑜伽的清淨火性，應該可以更清楚理解清淨的內義。所以，引生拙火瑜伽的淨火忿怒母，應從法界體性中的火大發生，而不是從染執心中世間火性發出。雖然二者是一如的，但就緣起上而言，還是有截然不同的果德。

從空、體性、法爾出生的拙火之燄，隨著正見、精進發起，而融攝六大，圓生佛果、法身及諸佛曼荼羅，這種六大瑜伽的果德，是十分殊勝的。

如何引生拙火

拙火在體性上應與法界體性相應，以法爾的火大為根本，經由大智火來引燃的，而出生如來五智的。

而這大智火燄要如何引生呢？

而這大智火燄的引生，在二卷本的《金剛頂一切如來現證大教王經》卷上中說：「

具法者應入，金剛三摩地，𑖨𑖽（囉）字發智火，燒除虛妄因，情器等虛空，名如理作意，心如理成就，是名為法性，法安住法位，是名為法界，復加身、口、心，成三密三身。」

在如上的經偈中，其實對智火的修法、作用，有了清楚的指示，也應能讓我們清楚掌握拙火修持的理趣。

其中，以入金剛三昧的體性，而由𑖨𑖽囉字發起智火，燒除一切虛妄之因。囉字即火大義，燒除一切虛妄因，使有情眾生與無情的器世間，等同於虛空體性。

這樣的修法，名為如理作意，而我們的心也經由這樣的勝義觀，而如理成就。這樣的成就名為法性，而法性成就後，法就安住於法位之中，而這即是法界成就。而以此法界，加持於我們自身的身、口、意三業，就能成就如來的身、口、意三密及法、報、化三身。

此外，在《大日經》中對智火的修法，也時時引出。如卷七的《持誦法則品》中說：「囕字初日暈，形赤在三角，加持本心位，是名智火光。」

這是以五輪塔的法界身觀中，心輪觀三角形的囕（𑖨𑖽）字智火的行法。

在唐朝一行所著的《大日經疏》卷一中，對密法中的智火，有如下的解說：「譬如火界燒一切薪，無有厭足。如是一切智智燒一切無智薪無厭足者。……如來智火亦復如是，燒一切戲論煩惱薪盡，乃至緣待皆盡，即此慧光亦無所依。」

如來智火能燒一切煩惱，成就無上的佛智，而絕無所依，這是智慧的體性。而這一切的智火，其實是普遍於法界的，並不因賢聖凡夫，而有不同，所以同經卷一又說：「如是一切智火，聖者、異生平等有之，於無始大夜之中，令諸行人見如實道，次第成就一切佛法。」

因此，一切的眾生，都具有這體性的一切智火，只要了悟引發，必能在無始無明的大黑夜之中，見到如實的無上菩提之道，成就一切佛法。

自釋尊以來，佛法當中，就有許多關於火的修行法門。而佛陀曾經為了降伏事火的外道三迦葉兄弟，所以特別示現火燄三昧，制伏火龍，使三迦葉兄弟產生了仰信，而皈依佛法。

這種以世間的緣起為始，而予以昇華，所成就出世間的勝果，是佛陀常用的方便。因此，以火勝火，以空性的火超越世間的火，也是佛法常見的方法。

另外，佛法中有火界三昧（agni-dhātu samādhi），是示現火界相的禪定。在《大智度論》卷四中，載有釋迦牟尼佛的過去世為仙人時，上山採藥，見弗沙佛坐寶窟中，入火定，放光明。於是歡喜敬信，翹立一腳，叉手向佛，一心而觀，目不暫閉，七天七夜以：「

天上天下無如佛，十方世界亦無比，
世界所有我盡見，一切無有如佛者！」

這一首偈讚歎佛陀。

而《中阿含經》卷十一的〈頻鞞娑邏王迎佛經〉中，也引上述的三迦葉兄弟，跟隨佛陀修習之後的境界。其中三兄弟的大哥，鬱毗邏迦葉，原是頻鞞娑邏王的老師，當佛陀到摩揭陀國，帶領著迦葉三兄弟時，國人都迷惑了，搞不清楚到底佛陀是老師或迦葉兄弟是老師。直到三迦葉說明已斷除事火的祭祀，而跟隨佛陀修行，大家才弄清楚，佛陀是導師。

於是，佛陀就要鬱毗羅迦葉入火定已，身中便出種種火燄，青、黃、赤、白及水精色，下身出火，上身出水，上身出火，下身出水。」在示現火定後，又向佛陀作禮而說：「世尊！佛是我師，我是佛弟子，佛具一切智，我無一切智。」

在這裏，我們可以看到：三迦葉原來就修習火行，再皈依佛陀之後，火定反而更加殊勝，這是佛陀在緣起上，以火勝火的廣大方便。也是我們體會拙火瑜伽的訣要。

除此之外，火界三昧也常成為佛教的大修行人，入滅的方便。在三卷的《大般涅槃經》卷下中說：「須跋陀羅前白佛言：『我今不忍見天人尊入般涅槃，我於今日，先世尊入般涅槃。』佛言：『善哉！』時須跋陀羅即於佛前入火界三昧而般涅槃。」

須跋陀羅（Subhadra）是佛陀入滅前，最後受到教誡而得悟的弟子，當時已一百二十歲。他聽說佛陀在娑羅樹林雙樹下將入涅槃，而前往欲見佛陀，被阿難所阻，經再三懇求，終於獲得允許而親見佛陀。在入夜未久即成就阿羅漢，因為不忍看見佛陀入滅，所以入火界定，先佛陀涅槃。

在佛教中，許多大修行人，都是透過火界三昧，以三昧力自焚而入滅。這些大成就者的入滅景象，最後總集為十八種神變。所以經中常說，示現十八種神變入於涅槃。但這裏的火界三昧，是重要的根本。

除了火界三昧外，另外還有火遍處定的修法，火遍處又名火一切入，是十遍處定中的一種。十遍處是觀想六大及四顯色，遍一切處而無間隙的修法，可遠離三界的煩惱。而六大即指地、水、火、風、空、識，四顯色是青、黃、赤、白。

在修習火遍處定時，自己會見到整個法界都成為火，但是他人卻見不到火，也沒有成為實火。但火界三昧所引發的神通卻不同，自己化成為火時，別人也見到真實的火。所以二者還是不同的，火遍處定能夠廣觀一切都是火相，但卻不能使之成為真正的火。火界三昧所引發的神通，能夠化為真正的火燄，但卻不能普遍一切。而《瑜伽師地論》則認為，《遍處觀》能引發諸聖神通。

而在密教的修法中，則有火生三昧的現起。火生三昧是不動明王所入的三昧，是以淨菩提心的智火，來燒盡眾生的無明與枝末煩惱，除去種種障難。而不動明王的尊像必在火燄之中，而此火燄是由囉（𑖨）字門引生，色赤如火，遍於身內，猛燄從體中流出，周匝身外，猶如燄鬘。這就是代表住於火生三昧。

所以《大日經》卷二說：「薄伽梵（世尊），為息一切障故，住於火生三昧，說此大摧障聖者不動主真言。」

而在《大日經義釋》卷七中說：「𑖨 囉字門，是毗盧遮那大忿怒火，能燒一切世界，使成灰燼無遺，今不動尊從此火中生，猶如軍吒利尊從執金剛火中生，是故如來住於火生三昧。」

此義是說，囉字是大日如來的大忿怒火，能焚燒一切世界，其實也可以說是法界中的體性之火，從此出生了不動尊。而軍吒利尊，則是從執金剛的火中出生。因此可知，依因緣教法的不同，如理作意是可以不同的相狀引發拙火的。依此而言，拙火如果是由不動明王火生三昧的大智火中引生，其實也是十分如理的。

而《大日經》中，毗盧遮那佛告訴執金剛秘密主說：「

我一切本初，號名世所依，說法無等比，本寂無有上。」

大日如來在此自為本初佛，以本寂的體性，出生大悲忿怒的金剛智焰，出生不動明王，而現起火生三昧，以此大智火焚盡一切有情五蘊，以法界加持法界，而圓滿成佛，這樣的思惟，是十分如理的。

智火瑜伽在密教中引出許多殊勝的修法，其實以火勝火，將世界眾生心中對火與光明的依恃，引生為出世間的如來智火，是極為如理而有力的勝義觀。

除此之外，對於婆羅門教，所流行的護摩（homa）火供，密法也是依以火勝火的理趣，來修正昇華。

「護摩」詞義為焚燒，是以焚燒供物來供養本尊，又稱為火供法。在《大日經》卷六的〈世出世護摩法品〉中，大日如來宣說了四十四種世間外道的邪行火法後，又說出世的真實正行十二種智火。《大日經疏》卷十九中解釋說：「佛所以作此說者，欲伏諸外道。分別邪正，令彼知有真護摩。」

這樣的方便，是要引外道捨邪歸正。因為外道護摩未能了知火的自性及其業用，而能夠了知火的自性及其方便、作業的才是真護摩。而火的自性，即是如來的一切智光。

因此，護摩就分為內、外兩種。其中出世間的護摩為內，而世間的護摩為外。但以密法的出世間護摩，還是可分為內、外，即觀心為內護摩，事相為外護摩。而所謂內護摩，修行者以觀想的智火，燒除各種業障煩惱。這種心中的觀想，並不從事實際的焚燒行事作法，所以名為內護摩。又因為僅是觀想理法，所以又稱理護摩。而外護摩，則指擇地造壇，焚燒乳木、五穀等物，來淨滌修行者的身、口、意，成就息災、增益、懷柔、勾召、降伏等事業。因此稱為外護摩或事護摩。

《大日經》卷六〈世出世護摩法品〉中說：「

復次於內心，一性而具三，三處合為一，瑜祇內護摩。

大慈大悲心，是謂息災法。彼兼具於喜，是謂增益法。

忿怒從胎藏，而造眾事業。」

經文中說，於內心之中，一性而具足本尊、火及修行人三者。本尊為大日如來，火則為法爾自然的慧火。而這慧火就是我們的真心。

本尊、慧火及修行者三者和合名為瑜伽行者的內護摩。而此三者平等所生的大慈大悲心是息災法。大慈悲兼具於大喜，則是增益法。而由當下的心意胎藏，由大慈悲引生的大悲忿怒，能成就一切事業，則屬降伏法了。

事實上，內護摩是以淨菩提心的慧心，燒盡無明煩惱。因此，在《大

日經》卷五〈秘密漫荼羅品〉中說：「

業生得解脫，復有芽種生，以能燒業故，說為內護摩。」

這裏業生是由無明煩惱所起，現在已經從之得到解脫。而芽種，是由如來智火，燒盡無明根本，而生起的淨菩提心芽。內護摩從體性之火燒除眾業，並引生菩提心，其內義可以說與拙火瑜伽相符了。

火在人類文明中，有著極為重要的地位，對人類文明的開化，更有著無比的催熟作用。

火在印度文明中，更占有極為緊要的地位，自古以來印度宗教中，對於火即充滿了崇拜之情。

從吠陀（Veda）時代（約公元前一五〇〇～一〇〇〇年）開始，火就常出現於印度婆羅門教最古老的吠陀經典中。在屬於讚頌的「梨俱吠陀」裏，火化成了地界的主神，火神阿耆尼（Agni），並成了祭壇之火的神格化，而當祭祀進行時，就將供品投入祭壇火爐中焚燒，這就是護摩法的濫觴。

另外，在「唱讚奧義書」中，說到宇宙中的創生，是來自火（tejas）、水（āpaḥ）、食物（annam）三者，這稱為「三神性」（tri-devate）或「三元素」（trivṛt）。

而在「愛多列雅奧義書」中，說到：「此即大梵，此即因陀羅，此即般茶帕底，此即諸天，即五大：地、水、火、風、空……」則已建立了自我與五大的完整說法。

火從祭祀到宇宙的根本原理，一步一步的引入為宗教的修持，像在「彌勒奧義書」中，也有關於火的咒語：「如是漱口而獻食於『自我』已，當靜思『自我』，默念此二咒：『為生氣與我』一咒，『汝乃萬有是』一咒。咒曰：

為生氣與火，此無上「自我」，
入乎我內中，乃為五氣者，
願此遍享者，自足足萬有！……」

意思是：生命的氣息與火，為大梵的無上自我，入於我們身體中，成為身體內流行的五種氣息，願如此遍享者，能自足於萬有。此火與大梵的體性如一，而且引生我們的心識修行了。

而在像「瑜伽真性奧義書」等，則已清楚的描述拙火的修法，如上述書中說：「於是瑜伽修持時，乃進行滿熟之位，氣以勤調而圓熟，則與火具，而合乎軍荼利（kumdali），乃入於勞壽門那（中脈）而無礙。」這說明了調熟氣息，與火相具，而合乎軍荼利者，能入於中脈而無礙。

另外「禪定點奧義書」中也說：「

波羅蔑首黎（parameśvari），熟眠以頭格，入此路之門，由火、心、氣迫，女神乃覺醒：

化為針相似，上穿居中脈。用力啟此扉，當用瑜伽鑰。

以孔荼里尼（kundalini），臻至解脫門。」

其中波羅蔑首黎即至上自在女神，即是拙火之力。要入此門，由火力、心及氣相迫，使女神覺醒，他為像針般一縷貫上中脈，而至解脫門。

事實上，在婆羅門教，關於軍荼利瑜伽的教授，十分的完整，在哈達瑜伽與勝王瑜伽中，都有著修法的方便。

基本上，其修法乃是喚醒居於海底輪的軍荼利母，貫穿身體中的輪脈，而上昇與至尊大自在天相會合。軍荼利母則為大自在天妃，由喚醒此力，而完成圓滿的梵我合一。

佛教與婆羅門教的拙火瑜伽

由以上的資料看來，密教的拙火瑜伽與婆羅門教的拙火瑜伽，有著極多相似之處。甚至密教的拙火瑜伽似乎有受到婆羅門教的影響。

其實，佛教發生在印度的大地，雖然佛陀的正覺菩提，是澈見法界實相而得悟。但在緣起上，也是有攝受婆羅門教的宗教文化而昇華、修正之處。

如阿耆尼火神、帝釋天王因陀羅、大梵天主、大自在天、遍入天，都是吸收印度的天神，而加以攝受昇華成為佛教的護法。

所以，相對於婆羅門教與拙火的因緣，佛法也能依之而昇華、修正，使之成為能夠圓滿解脫的法門。因此，以火勝火，使世間萬相顯現現空的法界體性，而圓滿世出世間的勝法，應是密法中拙火瑜伽的現起因緣。

因此，不管在外相上是多麼相近，但因為根本的見地與修證果位不同，所以佛教密宗的拙火瑜伽，絕對不同於婆羅門教的拙火瑜伽。

當然，一般人實在難以分別，就像兩部電腦，由於設計的理念不同，而加入的軟體也不同，所以作用、功能也不大相同。但是一般人看到外在的材質、型態與操作的樣式很像，就認為沒有太大的差別一樣，這也是很正常的。

佛法依於諸行無常、諸法無我、涅槃寂靜的三法印而建立，更統整出緣起性空的一實相印，這是法界的實相。而實相即是實相，並非是意見或看法，因此實在沒有任何可變處。

所以，由現空出發，不管建立六大的法界體性，火大的忿怒母拙火瑜伽，雖然由於修證與根性、教授的差異，使觀察實相般若的貼近程度不同，而造成見地上有程度上的差異。但僅僅是觀察實相的清晰度不同，而非觀察的實相有別。

所以，拙火即是以空性為惟一的根據，而生起的。如果以如幻的觀察而生起，就生起如幻的拙火。若從實相覺性中，直接生起，就是體性的拙火。

而婆羅門教的拙火，是以大我的大梵為根本而生起的。不管這大梵是一種超越無別的意識，或是大梵天、大自在天、毘濕奴天，或是三位一體的大梵，都是以神性來喚醒拙火的，而這神性也可以是本然自在的，但這依然是梵我合一的思想，與佛法的空性絕對不同。

如果，能體會到這一點，才能了知密法中拙火瑜伽之密義。可惜的是，大部分修習拙火者，多半在技巧、密本或密傳上下功夫，卻不知拙火必須在正見中引生。

此外，由於密法拙火在開始時，是與婆羅門教的哈達、勝王瑜伽等同時發展。因此，有些修法上，還是須要揀擇。

在婆羅門教的拙火瑜伽中，其中脈是在脊柱之內，而左右脈交繞中脈的脈輪，從海底輪而至頂輪。而佛教的密典中，也大多說中脈是在脊柱中，但是有些說法則逐漸調整為在身體中央，而左右二脈，則是貼近中脈，成為平行的狀況。

婆羅門教以大梵為中心，在婆羅門教中，為我們自身，是大梵的流行，因此以脊骨為須彌山，自身為小宇宙，因此發展出如此的脈道是很自然的。

而佛法是以空性為中心，雖然在初下手修持時，依然是凡夫身脈，而且密典傳出時，也與婆羅門教交互影響，所以多說中脈在脊柱中，也就很自然了。但在修證過程中，逐漸體悟空性，覺性作主，超越世間凡夫身脈。因此建立中脈在身體之正中，不順著凡夫心識的扭曲，也就更加合理了。

合於性空教義的佛法傳承

就西藏多羅那他的《七系付法傳》中，拙火傳承中的開祖阿闍黎毘流波傳中所述：「第二付法傳承為拙火，拙火教授昔所未有，毘流波亦未從餘師得聞此法。此派法要乃由阿闍黎毗流波，親從金剛瑜伽母，請求而得者。」

由此看來，拙火傳承初始不明，但不管是從金剛瑜伽母所得，或毗流波妙悟所生，必然都是合於性空教義的佛法傳承。

但個人認為拙火的修行，在佛法中有其示現的因緣，從佛陀開始，其實已開啟了其立論與修法的建構。而密典的傳授，更能使拙火瑜伽，在適當的因緣中，利益無邊的眾生。所以，依此看來，拙火瑜伽應是能由不同的教授中，燦然而起，不必是只有毘流波的拙火傳承而已。

在修持拙火瑜伽中，最切要者是正知正見，體悟現空之後，從火大的法界體性中，以大悲忿怒引燃而生。所謂大悲忿怒，就是不肯眾生在困厄，不肯佛智未遍滿，不肯眾生未成佛的大菩提心。

這種正知正見，比任何的開啟拙火技巧更重要。我們更了解，這才是依拙火而成佛的正因，而其他一切技術，都是助緣而已。否則，修習拙火的世間仙人，也能發光、起神通，入火不焚、入水不溺，但依然是世間仙人，與解脫無涉。修習拙火的瑜伽行者，應當了知。

第二章　修持拙火的要訣

拙火瑜伽的課程，不會開始也不會結束，為什麼這樣說呢？這要從密教重要祖師之一阿底峽尊者的故事講起。

阿底峽尊者在西藏佛教後弘期教法傳承中，佔有最重要的位置，可說是繼蓮花生大士之後很重要的密教祖師，後來他創立了噶當派，之後宗喀巴大師所創立的格魯派便是從噶當派發展而來的。

阿底峽尊者是荊洲人（現今之蘇門答臘），蓮花生大士也曾在荊洲受大圓滿法，是由吉祥師子傳授，吉祥師子的梵名 Sri Sin iHa 詩列星哈，Sri 是吉祥 Sin iHa 是師子的意思。是一位北宗禪的禪師，與五台山有深切因緣，但蓮花生大士受大圓滿法的荊洲是古荊洲，而不是蘇門答臘的新荊洲，古荊洲在印度、緬甸、雲南一帶，是密教的中心，禪宗、密宗在印度這一帶獲得交流。

阿底峽尊者被迎請入西藏時，當時有一位很偉大的譯師叫仁欽桑波（中譯為寶賢），這位譯師年紀很大，他認為阿底峽尊者的智慧很廣大，但應該跟自己差不多。

阿底峽尊者到達寶賢譯師的寺院時，其寺院有很多的壇城，他走到每一個壇城前，都作一首讚頌。

寶賢譯師看到了就問阿底峽尊者這些讚頌是誰作的？阿底峽尊者回答說：「這些讚頌是我當場作的。」

不管是禪宗或密宗，同樣的悟境者，都可以隨時作出讚頌，因為所有的教法或悟境都是在開悟者的心中，所以他可以脫口而出作出即時的讚頌。

當時，阿底峽尊者就反問寶賢譯師：「寺院這麼多曼陀羅壇城，譯師通曉何種教法？」

有些曼陀羅、唐卡，像金剛界及胎藏界曼陀羅本身即代表一種修法，所以看到曼陀羅就可以知道其修法。

寶賢譯師回答說每一個曼陀羅教法他都會修。

阿底峽尊者聽了回答：「有仁者在西藏，那西藏就不需要我了。」

但是，阿底峽尊者繼續問寶賢譯師：「這麼多不同的教法，你是否能以一座教法來統攝所有的教法呢？」

寶賢譯師則回答說：「怎麼可能呢？每一個教法都各自成一系統，怎麼能多種一起融修、以一攝多呢？」

阿底峽尊者一聽到這回答就說：「如果是這樣的話，那西藏就需要我了」。

這故事最主要是表達出：如果教法一定要按照次第性教導的話，大家看了也不過當作知識來學習，所以我所講授的法要，不純粹是從次第修法上，重點是在理趣上，因此本書所教授的拙火瑜伽的修法，可能會跟你們過去所學的，或任何傳承所講的方法都不見得完全一樣，但也不會不一樣。我提出很多重要的觀點，只是希望以很簡單的方式，幫助大家把拙火瑜伽弄清楚。

解決生命問題的拙火瑜伽

人體的光明通常會從三個地方發出，第一個是從眉心輪發出的項光，這是慧光；第二個是從臍輪發出的定光，第三個是從心輪發出定慧等持的光明。人體光明所發出的部位，在緣起上有它核心的位置，在幾何點上有特別的位置，而身體會發出光明力量，而其來源是智慧跟定力。

一切佛法都是處理三個面向的問題：第一個是自體，第二個是自體在時間中運動的問題，第三個是自體在空間裡佔據的問題。

這三個問題根本上是由無明輪迴煩惱所產生的，所以佛法對於這三個面向的問題，一開始時是用三法印來處理。

在時間上以無常來對治，在空間的佔據上以無我來對治，而自我存有的

佛菩薩的身光代表定力與智慧的圓滿

作者恭繪的大日如來法相

覺受是空、無我，依此三法印的修證，最後就進入涅槃。

在大乘佛法裡，即一實相印，就是緣起性空，生命的解脫其實就是一直在處理這三個面向的問題。

生命有二種狀況，一種是在緣起世間中的狀況，一種是在實際生命的真實本然狀況。

佛法講一切諸法，包括時間、空間等都是空的。但問題是如何體悟一切諸法是空的？是誰來體悟？

是以自己的心去體悟，以心去處理這些問題，處理完之後，再回過來把自心的問題處理掉。

修行的全部內容有幾種切入方式，一種是以心、氣、脈、身、境為範疇切入；另一種是身、語、意及外境為範疇切入到自心，也可以從六根、六塵、六識的角度切入，不管是從那一種範疇或角度切入，都是先要把外境觀空，外境處理之後，自心處理到開悟之後，再重新迴入世間，所有佛法都是談這些東西，只是表現方式不同而已。

例如《心經》是如何處理心境的問題呢？

首先看「色不異空，空不異色，色即是空，空即是色。」

其實「色不異空」是一種三昧，是一種禪定中的體悟，很多人都以為「色不異空」是一種分析，但佛法所有的分析到最後都是跟三昧合在一起；它不只是一種解析的瞭解或是意念而已，而是從外境的一切色（物質相）中，瞭解一切諸色與空是沒有差別的，一切現象都是由因緣所生，進而從三摩地中得到證量，也就是開悟，此時即是「色即是空」的境界，也就是得解脫了。

開悟解脫之後，誓願度一切眾生，再迴入世間，發起大悲如幻三昧，廣度眾生，而進入「空即是色」的境界。

所以是從外到內的修證，而在開悟之後，再從內到外；亦即先以心處理一切問題，處理到最後，心也是空的。佛法即是一直在處理這個事情。

因此，佛法中不管大乘、小乘，乃至拙火法門，也都同樣在處理這些問題，只是小乘是從外境到內，解決了自己生命的問題之後，就停止了；而大乘佛法是以廣度眾生為中心；密乘則是特別把一切世間中所有可能的緣起技術都拿來使用，讓其修證方法能更快速得到實踐，所以拙火瑜伽正是這樣的產物。

見到自性拙火

很多修學密法的人會說，修學拙火法門要經過灌頂等等，這是為了專修上的需要；但如果你們問我要不要先給修學者灌頂，大家才能修學這個法門？

那我的答覆是這樣的：第一我沒有這種習慣，第二我對灌頂有另外的看法，我認為得到真正的灌頂即是開悟的意思，也就是說得灌就是開悟！而不是只是在頭上灌水。開悟了就是得灌，所以灌頂對我而言，就是開悟。

又如有人請問六祖惠能大師：「你的教法有何指授？」

六祖回答道：「指授即無，惟論見性，不論禪定解脫。」

這是說明我們的教法不論指授，沒有什麼特別秘密的口訣，我們所談的就如同六祖惠能大師所說的：見性；所以我所教授的拙火瑜伽是什麼？就是要大家見到自己的拙火！見到自己的自性！

因此，假如我們要皈命的話，要如何皈命呢？

我們要皈命自性的金剛上師，皈命自性的三身如來，皈命自性的清淨教法，皈命自性的金剛薩埵。

自性的金剛上師就是本覺，自性的三身如來就是始覺，皈命自性的清淨教法就是皈命能夠成就自性的圓滿無上教法，而最後的金剛薩埵就是我們的賢聖僧。

如此體解後，我們就自己自性皈命，如果一定要有儀式的話，我希望大家如此皈命。這修法本身是有傳承的，因為我已經指示緣起了。

拙火的緣起

很多修學密法的人以為拙火是從密教本身來的，其實拙火法開始時是因印度教的因緣，從第一章中我們可以清楚了知拙火瑜伽系統。

在哈達瑜伽也就是體位法，一般的瑜伽體位法基本上做二件事情，一個是做身體的調整，一個是壓迫身體上的腺體；然而正確的身體形式對我們的身體及思想都很重要。

我所教授的調身方法即是直接將身相調整，這也就是為什麼打坐時要持用毘盧遮那七支坐法，目的就是要令身體調整至正確的位置，調身之後再調呼吸，進而再調心。

瑜伽系統裡有八個次第，到最後是進入三摩地，即可得到調心。禪修也是對身、息、心三者作調整。

聖王瑜伽體位法的完整創立，或者說瑜伽經的產生，是在佛陀滅度後約二、三百年間出現，而佛陀雖然是跟數論派的仙人修學禪定，卻是第一個把整個禪定系統完整化的人，因為佛陀把禪定系統化之後，卻反過來影響到婆羅門教，所以瑜伽經不久之後就出現了，而且發展出許多派別，後來佛教的唯識學派也叫瑜伽學派，「瑜伽」二字便是從婆羅門瑜伽體位法轉用過來的。

印度瑜伽最主要分成二個系統，一個是以舞者之王濕婆神為主的一派，另外一派則是以毗濕奴神為主，印度性力瑜伽也是屬於崇拜濕婆神系統的一派。

濕婆派認為人身上有三脈及七輪（頂輪、眉間輪、喉輪、心輪、臍輪、海底輪、密輪），濕婆派乃以濕婆神為類似上帝角色的體系，毗濕奴派則以毗濕奴神為類似上帝的體系。

基本上印度教信仰中有三個上帝，一個是大梵天（騎天鵝），但大梵天神現在在印度已經很少人祭祀了，最主要是因為他創造宇宙之後就角色退隱。現在的大梵天神流傳到泰國，而改變其形象成為四面佛（騎大象）。

另一個是濕婆神（騎牛），第三個上帝是毗濕奴神（騎大鵬金翅鳥）。在毗濕奴的信仰系統裡，他們認為佛陀是毗濕奴的化身；至於三個上帝之中，哪一個才是真正的上帝，各派之間目前還相爭不下，尚無定論。

濕婆派三脈七輪的瑜伽修行能量系統裡，拙火（忿怒母）生起之後，由下而上昇進，最後抵達頂輪，與宇宙能量和合在一起，產生身心完全統一的境界，這個頂輪上的宇宙能是以舞者之王——濕婆神為代表。

海底輪（臍下四指處）有人稱為密輪，其實海底輪之下才是密輪；像藏密的修法通常修頂輪、喉輪、心輪、臍輪四輪，有時會再加密輪（有些人說密輪是生殖輪）或海底輪（有時和生殖輪同一，有時卻又各別分開）至於修雙運時，有時又講七輪、八輪、九輪、十輪等。因此輪脈系統很複雜，各家說法又有所不同，做為參考即可。

印度瑜伽主要二個系統

以濕婆神為主的一派

以毗濕奴神為主的一派

脈輪系統各家說法不同，以藏密和印度教的脈輪圖來看，不同體系，觀點的脈輪圖便不相同，就如同中醫的十四經絡，所講的氣是在皮下運行，但是我有不同的經驗，我認為氣不見得只走皮下。

以前我在馬祖當兵時，有一個特別的經驗，有一次忽然之間，居然我的全身都不能動了，此時骨頭感到萬針齊穿，那時是住在山洞裡，當時我以為大概是寒氣太重所引起；但三天之後，突然間卻又身輕如燕了，此時我才頓然瞭解，原來先前是在通骨脈洗髓，從那時開始，整個身體就產生很大的變化。

所以不同的修練層次，脈輪系統是會改變的，亦即身心透過不同的見地指導下修行，會產生不同的走向，見地不同，修行方式不同，所產生的身相及輪脈系統也是不同的。

譬如打太極拳時，氣是走任督二脈，所形塑出來的身形必然是含胸拔背，出力的方式也是不同，所以見地觀念的不同，心念不同之下，所指導出

印度教脈輪圖

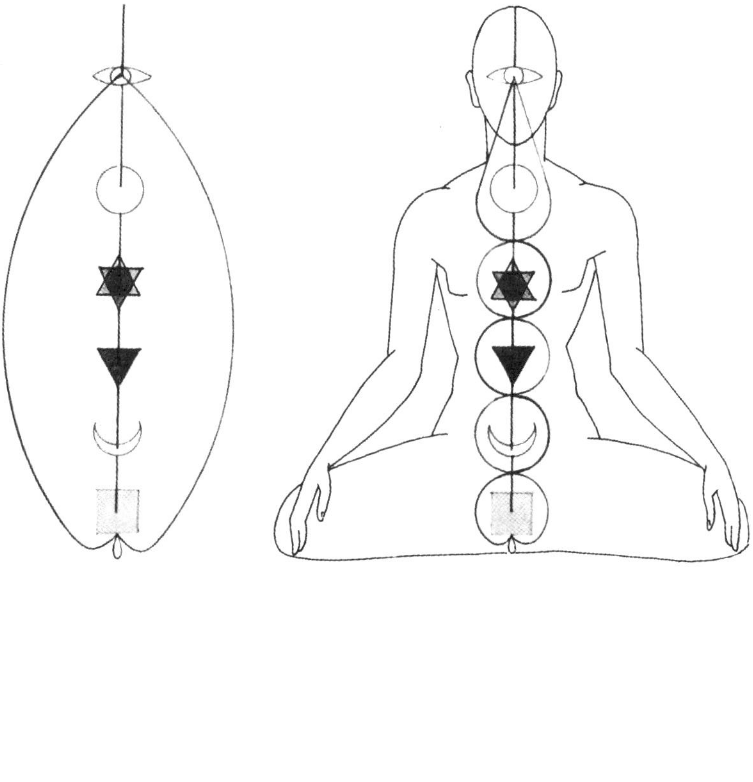

來的氣的走向自然不同，而氣的走向不同，所開出的輪脈系統當然不同。

因此四輪、五輪、六輪、七輪各種系統，哪一種系統才是正確的呢？這要依修持見地及修法的不同而定。

藏密的氣脈系統基本上有左、中、右三脈，三脈再各開出二十四脈，然後到最後開出全身共有七萬二千脈，但身體只有七萬二千脈嗎？這個說法是方便修持次第體系所建立的。基本上，四輪或五輪的修法都可以，依修法來決定。

我建議修學拙火要先修持中脈，我們的中脈修持是觀想中的脈，是空性中的脈，中脈跟我們的身體有關係，但因為身體中很多的脈都堵住了，所以要先練習中脈呼吸法，打開中脈之後，身體中其它的脈也慢慢會自然的打開。

練習中脈呼吸法一段時間之後，慢慢地會發現自身中有二套呼吸，一套是平常的呼吸，另一套呼吸則是在脈輪裡面，即海底輪或臍輪部位會自己跳動，到最後二套呼吸會融合在一起，融合在一起之後會產生一種現象，即五臟六腑會往下鬆開，肩胛骨會一寸一寸往下掉，骨頭會越來越平，背部也就平了，這是整脈的結果。

對成人而言，中脈雖然是事實，但在中脈尚未開啟之前，是假修的中脈，所以我們先用觀想的方式建立它，並觀想中脈開始呼吸。這樣的練習結果，從身體裡面會真的開始呼吸起來，到最後外呼吸會越調越細，身心也逐漸更加放鬆，肩胛骨往下掉了，慢慢地二套呼吸就合在一起了。

我自己就是很好的證明，現在我身上穿的這件上衣，是這幾年訂作的衣服，這衣服比較特別的是口袋做在右邊（因為人的心臟在左邊，最好不要在左邊放東西），但是可以發現這件量身訂製的衣服才穿幾年，現在穿起來，袖子短了一截，看起來好像是大人穿小孩子衣服似的，這是因為我最近二、三年身高變高了。

再來，這件衣服我穿起來感覺吊吊的、往上拉，這是因為我的胸廓變大了，而胸廓真的變大了嗎？這不是主因，主要是角度的改變，因為肩胛骨在身心長期的放鬆之下，一寸寸的往下掉，背變平了，整個胸廓就展現出來，這是脈輪調整的結果。

至於中脈呼吸法的練習，與其苦練不如常練，常練不如自然練習，也就是與其去苦練佛身，不如讓佛身自然形塑我們，亦即自然養成中脈呼吸的習慣，身心放鬆之下，肌肉骨頭都鬆了，胸部自然變成方形，這是自然中脈呼吸放鬆之下的走向。（欲詳加了解中脈呼吸法，請參閱拙著《現觀中脈實相成就》）

以上是我把古代的理論跟自己的生理實踐經驗結合起來，告訴大家，這是成就拙火最快速的方法。

以空性為主體的拙火瑜伽

本來佛教裡面並沒有談到氣、脈、明點等這些東西，但後來這個氣功修法卻影響到佛教的無上瑜伽部，所以無上瑜伽部也強調修氣、脈、明點。

那麼，印度教瑜伽氣、脈、明點的氣功修法跟佛教拙火修法有何不同？近代大德陳健民上師有一本英文著作《佛印密宗微辨》，其中反覆申辯佛教密宗跟印度婆羅門教氣功系統的各種差別。

我認為其中一個最主要差別是：佛教是以「空」為主體，印度教則以「梵」為主體。

既然以梵為主體，所以印度教修行目的，乃是要達到梵我合一。不管這梵的名稱是什麼，也許用的是超越精神，超越境界，或任何名義，他們都是要跟它結合的。

但是佛法講空，並沒有要跟什麼結合，是無神論；而梵我合一則是大我論，亦即有我、無我是印度教瑜伽修行跟佛法拙火修持最根本的差別。

印度教有本尊（大梵），其瑜伽修行目標是要跟本尊合一（梵我合一），亦即本尊瑜伽。佛教也有本尊，但每一個教派的主尊是不同的，如白派本尊是金剛持，紅教是普賢王如來，佛教雖然也修學本尊瑜伽，要與本尊相應，但佛教本尊的體性是空性。

然而有很多修持藏密的行人卻不瞭解這一點，一開始都是先修學技術，也不清楚本尊的本質是空性，非常努力地修持，卻跟印度教一樣都是在修「本神觀」，而不是真正的本尊瑜伽。

《金剛經》對於修證解脫有二個層次的開示，第一層次是「若以色見我，以音聲求我，是人行邪道，不能見如來」，這是第一義諦，沒有這第一義諦的認知，不能談到修證第二個層次的「若不以三十二相，八十種隨形好見佛」，第二層次沒有修學的，則入於斷滅。所以必須先瞭解空性之後，再去修持本尊觀，否則本尊觀會落入本神觀。

很多人不了解空義，修持本尊觀還是有修到放光、有神通等等境界，乃至虹光身成就，但是這些境界其實尚未成佛；如果不體悟空性，即使是化成虹光身，也只是成就天色身。

拙火的意義

中國文字有幾個字很有意思，譬如「炁」字，炁同氣字，但炁字是炁（旡＝無）的話，那就更美妙了，因為炁就代表從旡（無）中可以生出火來，道家是修炁，修元陽的；另外，中國唐朝的武則天創造了一個「曌」字，是日月當空意思，但這個字我把他拆解成明空二字，將之解成是明空不二，即大日如來的遍照光明之意，這是要說明如果修持本尊卻只有明而沒有空的話，那就落入色界；所以我認為拙火二字還沒有辦法表達出佛法的內義。

如果我以造字說明拙火的意義的話，我會把拙火寫成「煛」，有火也有明，為什麼這麼講？因為拙火必須從空性中引發。

我講說的拙火有別於傳統引發拙火的方法，傳統引發拙火最主要的方法是透過練氣，但在我看來，不只是透過練氣來引生拙火，其實所有的東西都可以引發拙火，而且二六時中都可以持續不斷生起拙火。

傳統上，拙火有的是要透過憋氣的不斷練習來引發，但我從來不憋氣，因為憋氣我很在行，但問題是憋完氣不見得就會引生拙火。所以我所教授的是希望大家自然的住氣，而不是練習憋氣。

很多人修拙火是先修九節佛風，或修猛烈寶瓶氣，這是很猛烈的氣功。其實修拙火最快速的方法是明心見性，否則就算拙火修成了，卻沒有明心見性，即使有神通，不瞭解空性的話，最多只是修到天界而已，就算虹光身成就也尚未成佛。

其實，虹光身只是修行人最後決定處理自己身體狀況的一種抉擇而已。

事實上，釋迦牟尼佛並沒有在生命的最後時刻，將自己的身體化成虹光；但是，釋迦牟尼佛成佛了。

有些密教行人會一直緊抓著虹光身跟成佛的關係不放，所以有一種說法是：釋迦牟尼佛是中陰成佛，因為他沒有示現虹光身。事實上，釋迦牟尼佛並沒有中陰身，所以不會在中陰才成佛，因為佛陀跟阿羅漢都沒有中陰身，所以說釋迦牟尼佛中陰成佛的觀點，根本是錯誤的。

再者，化成虹光身走的很多是天人，是天色身，在西藏尚未有佛法傳入前，就有很多人都化成虹光身，可見虹光身未必成佛；然而化成虹光身的確是很好的修行境界，譬如西藏祖師有的化成虹光身時，身體會縮成如七歲小兒，甚至整個身體化掉只剩指甲，有的則連指甲也沒有了，古德都有這樣的示現。

假若行者能夠化成虹光身，而且開悟解脫，度化眾生，這就是成佛了。

其實一個成就者不只可以化成虹光身，他要把房子一起化掉也可以，但那不重要，重要是我們如何面對整個外境、外在宇宙。

空性的體悟

我們現在觀察一下自己的生命跟整個外境的關係，我們的心是如何面對自己的身體以及宇宙外在一切的。

現在請仔細的感覺一下自己的手臂，除了表皮之外，是否感覺到手的骨頭？是否感覺到手的肌肉？是否感覺其中的血脈？

不管你的感受是深或淺，清楚或不清楚。再仔細感覺一下，是否感覺到自己的手？手感覺到有一隻手在那兒？如果手感覺有一隻手，那麼這隻感覺的手是不是多出來的？

手感覺有手的存在，那隻手中手就是多出來的，這是執著手的手，也就是手執，這手執會對身心造成什麼影響？

關於生命與外境的關係，《楞嚴經》講得很好：「性覺必明，妄為明覺，覺非所明，因明立所，所既妄立，生汝妄能。」我們生命裡，覺明本為一體，但無明的分別心一但生起（性覺必明之明為無明分別心），能所宛然，我們就跟外在的世界分裂，跟內在的世界產生對立。

「無同異中，熾然成異，異彼所異，因異立同，同異發明，因此復立無同無異，如是擾亂，相待生勞，勞久發塵，自行渾濁。由是引起，塵勞煩惱，起為世界，靜成虛空。」這就是為什麼我要大家去感覺自己的手，因為我們對身體的執著，與對世界的執著是一樣，都是由無明發起塵勞分別造成的，如果手能覺察到手的感覺，即是心裡深處對手的一種執著，因為手的執著而執著手。

《楞嚴經》中也記載著，佛陀如何處理眾生的這種執著，藉著佛陀跟文殊菩薩之間的對答來說明。

佛陀說：「文殊！吾今問汝，如汝文殊更有文殊？是文殊者，為無文殊？」

文殊答道：「如是，世尊！我真文殊無是文殊，何以故？若有是者，則二文殊，然我今日非無文殊，於中實無是非二相。」意即你是文殊，如果你又覺察自己有一個文殊的話，那不就變成二個文殊了嗎？所以「若有一文殊，不名為文殊，文殊非文殊，是名真文殊。」亦即文殊若認為我是文殊，就有二個文殊，一個是我，一個是文殊，因為我是真文殊，所以我不會說我是文殊，因為文殊就是文殊，所以不需要認為自己是文殊，才是文殊。

也就是真實不待緣起，當你是佛的時候，你不需要認為自己是佛，才能建立自己是佛的這個事實。一切存在本身，它不會執著它本身的存在，這樣的存在本身才是實相，若要靠執著才能建立自身存在，那就是虛幻的存在。

所以，手感覺有手的存在是手執，是因執著才建立的手，因此手感覺有手的手是虛幻的，不是真實的，即「所謂X，即非X，是名X」。

當我們心覺察到我們的手存在的時候，它已經產生很複雜的變化了，心產生的細微感覺，會影響到神經系統，從而擴及手的每個細胞，它會微微的把手緊抓住，進而降低血液循環，使得氣脈阻塞不通達。

所以我們應如何面對自己的手呢？

我們可以練習把手空掉，即想像手沒有了。事實上我們的手還是存在，但是控制感減少了，手就會自然鬆開了。

空掉身體的執著

因此在進入拙火修習之前，先把這個對身體的執著空掉，那麼修習拙火的効果會有不可思議的開展。

當對身體的執著空掉後，例如我們觀想把手切掉，手就空掉了，那麼我們身體的氣、脈、明點也跟著產生變化了，身體會變的更自在，跟外境也會更融合。

任何佛法的修行，比如修四念處的身、受、心、法，其實都是要體悟空、體悟無我。就身體的執著空掉之後的效果來講，身體會變的更健康，更有能量，修到最後解脫的能量就增強了。

法界的一切都是空無自性，但是修行是由心去主導，不管是從六根（眼、耳、鼻、舌、身、意）下手，或六塵（色、聲、香、味、觸、法）下手，或六識、六大（地、水、火、風、空、識）下手，都是用自心去指導修持，所以任何方法切入，都會產生根本的變化。

如果我們從六大下手修持。現在，假若六大是由下而上依序排列是識、空、風、火、水、地。當修禪修到初禪的境界，《金光明經》中記載：「地水二蛇，其性沉下，風火二蛇，性輕上升。」經中記載進入初禪時，地大、水大會往下走，風大、火大往上走。我們透過心意識來修持禪定，在進入初禪時，整個身體結構會產生第一次的結構變化，以適應初禪時的身心狀況，這是身體隨著心性開展所作出的合理調整，讓身體處在初禪時最舒服的狀態。

但我們要瞭解，地、水、火、風、空都是空的，其中的火（拙火）是熟遍能量，可以把熟遍能量引到下面，使之焚燒地、水、火、風、空，把一切質凝全部焚燒掉。

所以拙火是焚燒身體的五大，因此，拙火有時名為「焚燒五如來」。而五如來從何而來？五如來就是自性的如來，不是外在的如來，五如來即是自身的地、水、火、風、空五大！

密教跟顯教的修法有一些不同的地方，譬如顯教的阿彌陀佛是西方極樂世界的佛陀，他的身體是金色的；但在密教裡，阿彌陀佛的身體卻轉成紅色的，為何會有這樣的差別？原因是密教裡的東、南、西、北、中五方佛，其所在的方位是修法的方位，所以火是屬於阿彌陀佛，因此是紅色，地是寶生佛是黃色，水是阿閦佛是白色，風是不空成就佛是綠色，空是大日如來是藍色（但有時修法不同時，大日如來會跟阿閦佛對調），這是因為修法產生的變化。

像白派的主尊是金剛持，也叫金剛總持，金剛持代表外在全部法界，有時也代表三寶或上師，也可以稱為母光明或本覺，而修行者則叫子光明或始覺。

上師是幻化的，我們把上師觀想為本尊（金剛持、釋迦牟尼佛、普賢王如來、乃至一切諸佛亦可），作為加持根本，上師是加持根本的代表。

上師或本尊所代表的外在全體法界，我們觀想上師加持自己，所以是加持根本，而這個加持根本對我們而言，即如前所說的普賢王如來，大日如來或法身。

當我們觀想引入這個本覺來加持自己這個始覺，始覺即同本覺，因為本覺從來沒有在外，本覺即我們的自性。

所以《六祖壇經》講：「菩提自性本來清淨，但用此心直了成佛。」開悟時，始覺即同本覺，本覺即我們的自性清淨，即我們自性的金剛持；從外在的訓練，引發自身的一切，即運用外在的因緣，來引發自身的覺悟。

因此，我們想要成佛，一開始是觀想自己是佛，即借用外在莊嚴的佛陀身相來模擬，但當我們瞭解觀想最殊勝的、最究竟的根本，即自己本來是佛時，還要觀想什麼佛呢？當我們自己是佛時，是沒有佛可觀想的。

所以如何觀想呢？就是這樣子，吃飯、睡覺、拉屎都是佛，我們自性如來現起就是了。

修持拙火的五大口訣

所以我們現在必須有一個認知，也就是當我們要修學拙火瑜伽，第一個，身體要先放下放空，透過空的調整，讓我們的身體變成佛身，為什麼我們的身體可以是佛身呢？這是因為我們自身和佛身一樣，都是空的！

所以修拙火瑜伽，身體必須先成就，所以我們必須非常清楚的覺知；自己是佛！

為什麼自己是佛？因為我們是空的，我們跟佛陀沒有差別！自己是佛，既然自己是佛的話，就沒有第二個佛，不必再去認為自己是佛；這點跟印度教瑜伽要跟大梵或濕婆等完全融合在一起，有極大的不同，佛法的本尊是空的，是透過空的融合。

所以我們修拙火必須瞭解，我們的心、氣（呼吸）、脈、明點、身（身體）、境（外境）是空的，《心經》裡面講「色不異空」便是修學拙火最好的第一部方法，而《金剛經》中講的「若以色見我，以音聲求我，是人行邪道，不能見如來。」則是修學拙火最根本的原則。

在心、氣、脈、明點、身、境中，心是覺知，能覺知的力量，氣是讓生命能運動的力量，脈是生命的通道，明點（內分泌）是讓我們能在宇宙裡運作，身體是生命的聚積，而這些都是空的。

修持拙火有五個口訣：「心如、氣鬆、脈柔、身空、境幻」，境幻是境圓滿之意。

心如，「如」是如何？如就是清清楚楚的覺知，覺知而無執著，無執著而覺知。

氣鬆，是「氣」要完全的鬆，心若完全放下，心就鬆了。脈柔是要脈柔軟，假若脈不柔軟，則脈會堵住糾結，因此修持拙火必須有空性作基礎，把心裡面最深層的執著放掉，脈才會柔軟。

心如、氣鬆、脈柔之後，明點（內分泌）自然會整個改變而增盛，身體會產生亮點，皮膚會改變；亮點是因為明點增盛而產生，但不能執著，所以身要放空。

而其中的明點。明點是什麼？明點是明而淨；明而淨又是什麼呢？

關於明點，我跟大家報告一個狀況，一九八三年我在別毛山上閉關的時候，有一天我在陽光底下，偶然一看自己的皮膚，奇怪的發現自己身上有金色一點一點，如果晃動一下，皮膚會呈現金光晃耀的樣子。

從那一剎那我真正的知道，我們每一個人只要因緣恰當，方法恰當，知見恰當，用心恰當，這一生是能夠成佛的，而且身相改變成為三十二相，八十隨形好，不管你現在幾歲都可以達成！

我為什麼如此說呢？因為像我這樣一個從小體弱多病、又沒有智慧的人，竟然能達到目前的樣子。

有一回我請問了陳上師，身上金色一點一點晃耀的現象，陳上師說：「這是舍利外顯的現象。」舍利是什麼？是明點的一種顯示，所以明點可以說是我們身心所有內分泌的淨化。

面對外境，不能用分別心將自身與外境作切割，如果認為外境是外境，自己是自己，假若作切割，分成對立的雙邊自然會產生我執，而與外境生起距離，這就如同手執著手一樣，心與境一但切割對立，必然因為「執我」而產生「我執」，而無法心境相如融合。

所以拙火修持必須瞭解心、氣、脈、身、境都是空的，要謹記「心如、氣鬆、脈柔、身空、境幻」五個口訣，境幻到最後是境圓滿，如此，從心到外，從外到心，每天依此五口訣而修，隨時隨地都可以練習。

人體的輪脈系統，每一輪都有若干脈，譬如心輪有八脈，但最主要是中脈，中脈要開通為要，其餘就水到渠成了。

前面是心、氣、脈、身、境的五個修持口訣，現在再以另一外種方式來闡明。

首先心是慧之體，體是體性。

第二：氣是智之動，所以氣是智慧氣。

第三：脈是妙之通，即微妙的通達，脈是微妙至柔，柔而至通。

第四：身是現空。

第五：境是圓融，是融而又圓的境。

因此！修到最後是用慧之體性來打通脈，氣就成為智慧的流動，所以我們呼吸的氣息即是空，當我們的氣息是空時，也就是智氣的產生了。

我們的氣息是空，所以我們看自己的氣息是「如千百億日光明，如水晶般透明，如彩虹般無實」，於此中沒有任何執著，這時候會有什麼現象產生？

舉例說明，既使當我們在談話時，我的中脈還是可以不斷地吸氣，而不呼氣，我現在是一直在吸氣，然而我的身體反而越變越小，那吸入的氣到哪裡去了呢？

氣跟水一樣，是鬆而又空的，氣都進入中脈裡去了。

因此，我們要把中脈養好，體性弄好。

或許有人會以為明點就是中脈嗎？那倒不一定，但是中脈的確是明點最集中的地方。

前面講過，心是慧之體，是空體，同時也是明點，也就是說慧體是明點，也是明體，明體可以大，也可以小，小到鄰虛塵，最小最亮的那一點，就變成惟一明點，而惟一明點一展現就變成金剛鍊光，佛身即透過金剛鍊光而展現。

中脈一開始是在身體正中央，但修行到後來，身體的每個地方都是中脈，每一個細胞的中間也是中脈，所有骨髓的中間也是中脈。

觀念通達自然引生拙火

一切觸覺從脈輪裡面出來，風吹的感覺先到脈輪的中脈，就變成中脈的拙火能量，很多人以為拙火生起是用火焰，不是的，任何東西，只要觀念通達了，而技巧上又知道善巧處理的話，都可以引生拙火。

觀念和技巧都存在我們的心，我現在不斷把大家在觀念上的障礙解開的話，觀念打開了，技巧就出現了，通路也就出現了，我現在幫助大家打開觀念，比教導你們技巧更為重要。

觀念通了，任何東西都可以引發拙火，六根（眼、耳、鼻、舌、身、意），六塵（色、聲、香、味、觸、法），六大（地、水、火、風、空、識）的能量，就可以隨時隨地的引入生起拙火；而技巧方法也是無量無邊的，我現在把金針給了大家，大家就可以應用無窮。

很多理念、知識都可以變成拙火的能量，再舉個例子，以前有個諾那活佛，有一天他被自己的徒弟綁架到山上去了，徒弟拿出刀來，威脅他馬上傳一個即生成佛的方法，諾那活佛就說：「好！好！你們求法的熱忱也算是可欽可佩，我就傳你們一個方法。」

現在我把諾那活佛即生成佛的方法升級了。現在請觀想整個宇宙完全都是明點所構成，每一點都是無量微細，都是千百億日般的光明，水晶般的透明，彩虹般無實，然後把這整個山河大地的明點能量，一口氣全部吸進去，自體跟外境完全是空。

希望大家常常多練習，像彎腰駝背的人，多多練習，有一天身體會直起來，會有幫助。

在我的著作《中脈實相成就》一書中，關於呼吸的修法：

睡時，中脈開。

頂輪置眉心輪，眉心輪置喉輪，喉輪置心輪，心輪置臍輪，臍輪置海底輪，海底輪置於空。

空置於法界體性（不可得也，無生無滅），以空息、法界智息，隨於中脈呼吸，入法界光明自在。

睡矣！非於夢睡如是，行住坐臥亦如是也。

隨時安住在中脈呼吸，是對眾生極大的利益，在中脈中呼吸無上的正覺智慧氣息，則是對眾生的最大利益。

這是什麼道理？我們隨時安住在中脈呼吸的話，我們自心每一個細胞的光明就會射出去，對週遭的人、對眾生，一定有利益！

像《心經》中的「色即是空，空即是色」，便可運用來引生拙火的一種方便，體悟「色即是空」把我們粗重的肉身轉換成空性，心也跟著轉換成空性，依此我們便可以具足如幻三昧。

「如幻三昧」是什麼？是有能力可以作用的空三昧，是空、無相、無願三昧（即三三昧，又叫三解脫門），三昧是路徑，解脫門是指我走到門邊，我把門打開。三三昧是小乘佛法中最頂尖的三昧，它可以把自己的煩惱除掉，所以解脫門一入便解脫了。所以空是有力的，這有力有二個範疇，一個是對自己的生命有力，對自己的煩惱有力，能解決自己生命的問題。一個是對眾生有力。

但如何運用空對待世間、對一切眾生有力呢？那就要從空出發，也就是《心經》中的「空即是色」，即要具足知識、具足慈悲的力量，也就是空之外，還要加上大悲菩提心才能圓滿「空即是色」，而成為有力的三昧，不只對自己有力，也對眾生有力。

佛經其實是在解釋我們的生命事實，解釋這個世界的現實，佛經是幫助我們瞭解這個世界；假若沒有佛經，我們用什麼來瞭解呢？就是要體悟了！佛陀沒有讀過佛經，佛陀卻負責講佛經，所以，真的佛經在那裡呢？是在覺悟的心上！我們的身體就是佛經，我們的身體就是密法，我們身體就是無上瑜伽部，就是諸佛壇城，我們瞭解它是空就開悟了，因此空是有力量的！

其實一切的方法，一切的三昧，都只是用一套有効率的方法，來讓我們體悟空性而已，而這些方法存不存在？可以說不存在的，也可以說存在，但為誰而存在？為我們而存在。

法本無法，何以故？「佛說一切法，為除一切心，我無一切心，何用一切法。」當我們把心對外境的繫縛斬斷之後，「我」自由了，我不存在，而事實的存有就按照世間的軌道運行，我們沒有「我」的執著，就自由了。

因為「我」是一道枷鎖，它控制我們，讓我們不能好好的活著，讓我們這個虛妄的存在不能好好活著，而枷鎖斬斷之後，這個存在也不會忽然間改變的，它同樣清清楚楚，明明白白的，因為沒有我執；但是沒有我執的人，他除了更聰明、更有智慧、更自在、更如理之外，他幫助別人時，會更加有力。

所以任何法對我而言，都是一樣的東西，《心經》、《金剛經》、《大日經》等經典，在我看起來都是一樣，我一直以來跟大家講授的，不都是一樣的東西嗎！

這世界上其實沒有什麼了不起的秘密，如果用世間的說法來講，有很多東西是很了不起的，都是最秘密的東西，那如果用這個觀點來看，我所講授的法要，是一切秘密中的秘密，但就我的立場而言，它是不值半毛錢的無價之寶！它的惟一最可能的價值就是：讓大家成佛！

第三章　修學拙火方便

在生活中自然引生拙火

我們拙火的修持次第以根本理趣、修習應作的前行教授及實修方法的順序次第來講說，或許有人說是否一定要按照這個次第呢？也不一定，但這是一個很好的方法。

其實從開始到現在所講的東西，若能掌握好的話，直接在二六時中用，自然就中脈呼吸了，拙火也自然可以引生了，但因為有些人雖然聽了根本理趣，練習了拙火前行，還是會問，方法是什麼？所以就要講授方法。

現代人都很忙，沒有時間，不像古代禪林一天可以修二十四小時，或者像古代密教行者可以一生閉關修行，所以我所教授的，是希望將現實生活中的每一部分，都轉成修持拙火的方便，而拙火是代表能夠轉成一切的方便，譬如修拙火可以修氣功，修天色身，成佛等，任何東西都可以。

而在現實生活中，以中脈唱誦的藥師咒為例。

這唱誦方法是：觀想一個太陽置入頂輪，放到眉心輪，再放到喉輪，放到心輪，接著放到臍輪，最後放到海底輪，然後化成光明，而聲音跟光一樣都是能量，聲音跟光是同體的（例如天界中有光音天）。

然後把到達海底輪的聲音化成光明，化成火焰，這是拙火的跳動，從海底輪往上跳到臍輪，再跳到心輪、喉輪、眉心輪。到最後整個中脈全部充滿拙火光明。

人體的脈輪是每一個脈糾結的輪，以聲音打開脈輪的拙火，也就是六大、六塵都可以轉成為成佛的根本。

瞭解以上理趣之後，運用到我們的生活，我們就可以建立一套屬於個人的拙火修持儀軌，而什麼是儀軌呢？二六時中的每一個生活層面即是，生活即是儀軌，切莫把儀軌當成只是修法的法本而已，法本是要融入生活之中，法本中的主尊即是我們日常生活中頂上的導師，而修持者即是自己，人間即是生活法本的壇城，到最後我們在生活中與法本的本尊一致時就成就了。

轉化負面能量為正面能量

從自己內心修持開始，修到最後，一起工作的同事、朋友、家人等，都是我們教化的對象，全部都淨化之後，一切就變成淨土，沒有淨土就沒有三身成就，亦即從內壇城變成外壇城時，我們三身就成就了。

一般凡夫的思想是充滿染污的貪、嗔、癡三毒，貪、嗔、癡的執著即是母系的血分的執著及父系的精分的執著，這些執著的展現在身體上，就是我們的氣脈的堵塞。

我們的身體就是諸佛的中圍，而我們的心輪中八個本尊，代表八葉蓮花、八脈蓮花，也是代表金剛界的五方佛、四大菩薩；不管是胎藏界的中台八葉，或是金剛界的五方佛加四菩薩，都是一樣的。

再擴展到大幻化網中有中陰百尊，心輪是四十二寂靜尊，這是心分，是寂靜性的，是智慧的根本，頂上是五十八忿怒尊，是血分，是作用性的，是大悲的根本。這二者合在一起即頂輪與心輪，再加上喉輪，就是三輪的修法。而大幻化網是古傳承（三輪的修法）加上新傳承，將三輪轉變成五輪的修法。

所以為什麼心輪是四十二寂靜尊、頂輪是五十八忿怒尊，而不是胎藏界中台八尊，這是觀想修法的理念不同，但都是運用身體的元素加以轉化的過程。

如果我們身中的貪、嗔、癡三毒是惡魔，外在所有的人跟我們的關係，就是執行我們貪、嗔、癡的惡魔；現在我們心理轉成慈悲、智慧跟定力，這些惡魔就變成本尊，變成慈悲、變成智慧、變成定力，因此我們的身體就變成壇城。同樣的東西一個是惡魔、一個是本尊。

一般佛教徒常常有一個概念，就是把自己的家人或同修稱作冤親債主，密法很特別的地方是，它把我們身體裡面的細胞、心念、明點、氣脈等整個直接轉成佛菩薩本尊，而這跟理念其實顯教是完全相合，都是一樣的東西。

例如阿彌陀佛的淨土：極樂世界，淨土上有眷屬，而所謂阿彌陀佛的眷屬，就是他以前的冤親債主，否則他從何處找到這些眷屬。如果說以前跟我們有冤有仇的人都不要，而專門去找一些跟我們都不認識的當眷屬，如此會成佛是不可能的。所以誰會成為我們的眷屬？就是與我們有緣的人及冤親債主。

而當有一天我們開悟了，我們的勝義菩提心就生出了，這些冤親債主就與我們的清淨心有關係，我們去轉化他們，待他們修持好了就成為我們的四層眷屬之一了。

我們自己本身是自性眷屬，是法身佛，住在法身土，即常寂光土；而報身佛是我們自現三十七尊，三十七尊是我們過去所作所為，是我們身體裡面的所有功德，全部化現出來而讓我們自受用樂，這是自受用報身，也就是密教所謂的報身佛。就是三脈七輪，屬於自性眷屬。

再外面一層是比較有智慧，是跟我們比較有緣的，由我們教導而開悟的菩薩，即他受用報身，是實報莊嚴土；更外層是開悟了但想入於寂滅的二乘聖者，是方便有餘土；最外層是一些發願而有緣的人，由佛陀接引教導，是凡聖同居土。

這些眷屬都是我們過去生命經驗之中所相認識的人；在我們成佛後，這些人就變成我們最先去教化的人。

所以多為他們發願是有好處的，因為在發願中我們與他們就產生了勾連，同樣的，我們身上的壞念頭、壞觀點、不好的細胞，都是我們自己過去所造業障的現形，它們沒有智慧。現在我們把智慧灌注給它們，也就是說我們的心具足智慧，接著氣就具足了，智慧氣就流通我們的脈，於是脈就通達了，明點也轉化了，精分與血分都轉成淨分，這就是紅白菩提，即「滾打菩提心」。

有些修持密法的人，最後要走的時候，鼻子兩邊會流出紅色跟白色的紅白菩提，這就是淨分；或者有些人修到定慧等持而死後燒出舍利子，這都代表修行人身心中的惡境已經轉化為功德。這些就是在密教的《金剛頂經》裡，所記載的三十七尊變成內眷屬。

也就是成佛的時候，壇城的本尊是自己，而眼、耳、鼻、舌、身、意等六根功德、定力、智慧（五種智慧化成五方佛），五方佛再化現其眷屬，就變成一切的諸尊，所以內壇城是自己變現的，而外壇城則是自己從來沒有離開過的本性，只是它們還不能瞭解而已，所以教化他們，淨土就是這樣形成的。

空性的力量

我們的身心是空性的，所以它是諸佛的壇城，修氣、脈、明點的拙火法的原理，即是我們的體性是跟諸佛同樣的；我們體內有血分（母血的成分）及精分（精液的成分），二者代表慈悲跟智慧，如果離於染污，即回到力量本源的慈悲跟智慧的運作。

藉由觀想中脈如千百億日的光明（明），如水晶般透明（淨），如彩虹般無實（空），來打開身體的中脈，而中脈的管脈我們可以以蓮花的管脈對照觀察，管脈是嫩而又韌，薄而又薄，而且是像天衣無縫般。

天衣無縫是一種譬喻，而且是來自我的實際經驗所引喻出來的一種譬喻，可以幫助你們透過這個譬喻而在實際觀修時，至少知道方向在那裡。

這個天衣無縫的經驗是發生在一九八一年，第十六世大寶法王圓寂的那一年，那時候我還是學生，有一天我跟一群同學到一個白教噶舉派的道場參訪，那時候他們樓上正在為大寶法王修法，所以就交待我們先不要到二樓的壇城去，但那時候由於年輕又有點調皮，就心想：「他們不讓我們上去，我偏要上去看看。」

但我畢竟不是無禮之人，既然人家不讓我們上去，卻想上去看個究竟，於是就運用觀想的方式上樓。結果一上二樓，就陷入布幕中，那種布幕是無限的柔軟，只要你臉一貼上去，它就把你包住，然後在不知不覺之中，它又把你像彈布一樣的推了出來，結果和我一起來的同修中，有些人看得到，就看到我的臉不斷的探進去，又被推出來，就這樣一直反覆的進出進出，惹得他們一直竊笑，那些壇城護法的防守真是天衣無縫，很柔軟卻又完全的彈性，既不傷害你，但就是無縫可穿入。

我遇到這種情形怎麼辦？窮則變，變則通，人要懂得變通，《金剛經》裡面所講的義理對修行有很大的幫助，也就是這個時候要靠「空」來處理，如何空呢？再附帶說一點，各位要是碰到鬼神騷擾，或是身體上的障礙，都可以以「空」來處理。除非是事實的因緣力量太強了，而我們空性的證量又不足，否則不管是世間或出世間的事情，都可以運用空來處理，無論如何至少可以減少一些干擾或障礙。

於是我就觀空，觀想身體空掉，然後從壇城中直接出來，一點阻擋也沒有。後來我才知道這是屬於海印三昧中的賢首三昧，在《華嚴經》〈賢首品〉中記載：「或於東方入正定，而於西方從定出」，「從耳根中入正定，於聲塵中從定出」，「從如來身入正定，諸天身中從定出」的道理，這個應用就是扣緊著空性跟禪定。

從壇城中直接現身，發現壇城真的是很莊嚴，有紅色柱子及金剛杵等佈置；後來有一次，我回去那個道場參加灌頂，到了現場所看到的，果真是跟先前所見到的莊嚴佈置一樣，這是空性的應用例子。

再說個空性力量的故事，我大學時期，常常碰到一些自稱是佛菩薩化身的人。有一回，一位老師介紹我參訪一位自稱是準提菩薩化身的人，那人的確有一些力量，當她把手放在我頂上的時候，頭上就感覺到一股很大的力量壓著；而在那道場打坐的人，每個人靜坐時都會跳動，那個人說她的道場是二百二十伏特的電力，氣場很強，但是我在那邊打坐的時候，雖然沒有跟著跳起來，但就是感覺有一股很強的力量壓著。

我是一個不喜歡靠外力的人，面臨這種情形，我就想起《金剛經》的空性道理，於是就把身心完全放下「觀空」，結果壓迫力量就消失了。回家之後，還有點感覺，一放空，就沒有了，從此之後，對於所謂外在力量，我不再有任何的在意，因為「空」就是最大的力量，空才是最大的力量。

修學拙火必當了知中脈呼吸

任何法門，如果從技巧上著手的話，技巧是無窮無邊的，像書中所寫的偈頌，都是從心裡面流出來的，拙火的生起技巧是無窮無邊的，藏密就稱這種由心中流出的法門為伏藏，是靠因緣才寫出來的，是從理趣上來的。

我所寫的「息」這本書，也是這類型，可以當早晚課唸誦，想要開啟中脈的人，請每天讀一遍，應是有利益的！因為這種事情不可思議！

再舉個例子，我以南月的筆名所寫的一本書「五相成身觀」，關於這本書有一段故事。二〇〇五年我到芝加哥正覺寺，抵達時寺方的人請我上到二樓，平常該寺二樓的門是關著上不去的，可是當時有一位當地大學教電腦的大陸年輕人，也不知用什麼方式上到了二樓。他跟我談了幾句話之後，忽然之間他問了我一句話：「你是不是南月？」我說：「是呀！」結果他馬上站起來向我頂禮，嚇我一跳，以為發生什麼事了。

這位大陸年輕人述說著，他找我找得很久了。他在世界書局看到一本「五相成身觀」的書，他拿起來一翻開就有一股金光灌頂而入，後來他就把書上的偈誦影印起來，三年來都帶在身上隨時隨地讀誦。就在三年之後，終於碰到我了，因緣是如此的微妙。

「息」這本書上的偈誦，剛開始誦讀的時候不是很懂，多讀幾遍久了慢慢會懂，懂了就會了，會了之後身體慢慢就改變了。這是我惟一能為大家作的。

在我一生中，與陳健民上師只見過幾次面，但是受到陳上師很大的恩德，我心裡面一直很感恩陳上師。

我記得有一次他到台灣的時候，我跟他一起坐火車到高雄，在火車上我跟他祈請「楞嚴觀法」，就是《楞嚴經》的修法，陳上師當場應允，我就請問陳上師：「要不要灌頂？」他說：「看我的書，就是灌頂！」

所以說人的一生，相遇是一種很深的緣分，相互見不到也不能說沒有緣分，但是能見到是多有緣呀！

陳上師講過一句話：「唯讀即可成就」，所以我在寫「息」這本書的偈誦時，字句本身，我都有願望在裡頭，雖然我是一個很微小的人，但是請大家每天拿起來讀；或許身體不好的人，多讀一點，身體會好一點；如果想要減肥的人，讀了也有幫助，因為氣通了，身相就會改變。

中脈呼吸法

要修拙火，沒有開啟中脈是不行的，中脈未開發而修拙火，可能修成天仙脈而變成仙人去了，為什麼？有明無空會變成天色身，跑到色界去了，所以中脈是什麼？

中脈是空，不空則無中脈，所以在《息》中的偈頌「脈中也，不偏不倚，法界正中，恰恰現成，一切圓滿，其性至柔，隨順如來覺性，其力甚大，如那羅延（那羅延是指金剛力士），能猛不壞，能斷金剛，如焰至紅，遍燒法界」這是中脈呼吸的修法。

什麼是「不偏不倚，法界正中？」法界無窮無邊，在這無量無際的時間、空間，一切諸法（包括你的心）當中，如何取其中？

中者空也，空者中也，在無量無邊的空間如何取其中？答案是：當體！

無窮無際的三世時間如何取其中？答案是：當下！

當體是什麼？在無量無邊的空間裡，每一個地方都是中間，每一個地方都是邊緣，所以空間的當體正中，就取於我們身體裡的中脈。

就理趣而言，這中脈作為空間的正中是假設，但對我們現前的身心而言，這就是事實、就是實相，你的中脈就是法界的正中，因為你是空性的緣故。時間取當下，就是現在你的脈在運動即是當下！三世不可得，一切現成觀照。所以現在是以「不偏不倚，法界正中，恰恰現成，一切圓滿」來觀中脈。

作者恭繪的拙火圖

「其性至柔」是指中脈猶如天衣無縫般的柔，是空的、柔的，不是實有，不是堵塞的。「隨順如來覺性，其力甚大，如那羅延，能猛不壞，能斷金剛，如焰至紅，遍燒法界」，心靜下來，看一下我所繪的拙火圖，利用圖來觀想焚燒我們的中脈。

總之，修中脈拙火，從自心中修、從氣中修、從脈中修，明點自然會慢慢具足，身空了；然後觀想整個世界變成明點，變清淨了，從整個世界中修；接著，你就會發現每天的人際關係改變，這是拙火的妙用，亦即「拙火遍燃，清淨法界」。當我們的力量大了，我們便能淨化週遭的一切！

我建議想要修學拙火的人可以每天練習中脈呼吸的方法。要修持拙火，一定要知道中脈呼吸的方法。

為什麼要做這個練習？因為我們要修拙火，而拙火是空性之火，是從空性產生。思惟一下宇宙的中心點在那裏？

如果宇宙是無量無邊，那麼宇宙中心點就在我們自己的身體裡，所以中脈的意義，就在空性裡面，無量無邊的空性裡面，我們身體的正中心線就是中脈。

以下教授中脈的呼吸方法，要仔細專一的練習：

首先，想像我們自己身體如在水中般放鬆浮著，身體像楊柳一般的柔軟，每一個骨節都像充滿著氣的氣球一般，有著無限的氣機。

接著，讓整個身體完全的放空。觀想我們在水中，冬天可想溫水，夏天則想涼泉。

這些觀想的目的，是幫助大家的身體更加放鬆，鬆柔的像楊柳一樣，是以楊柳的意象幫助大家更為柔軟，至於想像身體每一個骨節像充滿氣的氣球一樣的目的，是要讓我們的身體能夠自然的氣機充滿而直起來。

然後想像在自己的頂輪上有顆明亮的摩尼珠，摩尼珠沿著身體前後左右幾何圖形所形成正中的交線往下掉，從頂輪掉到眉心輪，再往下掉到喉輪，再下掉至心輪，再掉入臍輪，最後掉到海底輪，海底輪的位置是在身體中央臍下四指處。

再想像落在海底輪的摩尼珠如同幫浦一般的律動呼吸，當我們呼吸時，它會隨著我們的吸氣而變大，呼氣而變小，讓摩尼珠自然呼吸。

我們可以每天保持這樣的中脈呼吸，成為生活中的習慣。

剛開始明亮的摩尼珠從頂輪一輪一輪往下掉到海底輪的練習，就是要先讓我們的中脈打開，然後就讓明亮的摩尼珠在海底輪處自然呼吸，不必想像氣息沿著中脈上下往返，只要在海底輪自然呼吸即可。

若保持中脈呼吸的習慣後，走路會產生輕飄飄的現象，好像身體空掉的感覺，假若身體又開始有點緊張，或不舒服的感覺生起，就重新利用摩尼珠再打開中脈，練習中脈呼吸。

此外，像佛陀頂上有一顆摩尼寶珠，稱為頂髻珠，頂髻珠（前額髮際處往後八指位置，即是頂輪位置），將來若要往生淨土也即是從此處去。因此往生者，若是全身是冰冷的，只有頂輪處是熱的，是很好的現象。

常常練習中脈呼吸法，讓中脈呼吸變成自然的習慣之後，會有幾個現象

中脈呼吸的方法

1. 想像頂輪有一很亮如太陽般的摩尼珠

↓

2. 摩尼珠從頂輪的中心點掉入眉心輪

↓

3. 摩尼珠從眉心輪掉至喉輪

↓

4. 摩尼珠從喉輪掉至心輪

↓

5. 摩尼珠從心輪掉至臍輪

↓

6. 摩尼珠從臍輪掉至海底輪

↓

7. 摩尼珠從海底輪自然呼吸

產生。第一，呼吸會越來越細，越來越沒有聲音；第二，身體會自然直立，骨骼會自然重新調整；第三，心念會自然穩定。會讓我們平凡的人身，漸漸趨向佛身。（欲更了解中脈呼吸法請參閱拙著《現觀中脈實相成就》）

現在教授的中脈呼吸法，是要讓大家練習二十四小時保持這樣的呼吸，練習純熟身體自然會改善，免疫力會增加，心也會慢慢完全鬆開。

觀察佛身與人身的差別

我們可以觀察一下佛身與我們身體的差別。人類身體的問題，從嬰兒階段便開始慢慢浮現了。嬰兒時期，我們就開始有我執，像小朋友開始抓東西，眼睛會好奇的看東西，一好奇眼根便被東西抓走了，因此眼睛便開始向外凸出去了，頭蓋骨也開始往前拉，所以頂輪跟眉心輪都往前壓；心意識也開始拉緊，這情形就如同我們感覺到手的存在（手執著手的存在）一樣，眼根既然被外境拖住，心也跟著拉緊了，心一拉緊便被外境所控制了；心一旦被外境拉住便沒辦法如實的思惟，脈也緊張了，脈就開始堵塞了。

人在吵架時往往會把下巴抬高，當我們的下巴一抬高，喉輪就移位了，到最後生氣到極點時，心輪也擠住了；而吃東西遇到好吃的食物便越吃越多，肚子變大了，臍輪就塞住了。

所以心若要開悟，氣必須是智慧的氣，脈輪必須是柔軟的脈輪，但一般人的脈輪都被堵塞了，這就好比是乾燥蓮花一樣，既然像乾燥蓮花，裡面當然沒有水份，也就是明點沒有了，脈不通，氣不達，心又抓緊，這種狀況下如何開悟？

但脈輪是從我們孩童時代就開始堵塞，小孩開始本能性的抓東西，這時身體還好，但心開始拉緊，越抓越久也越緊，到最後心就被抓出去了。

再觀察一下小孩的身體狀況，一般小孩子的呼吸會比較靠近身體中間，當小孩子隨著年齡增長，生活變緊張了，肩胛骨開始往上拉，肋骨也往上、往前拉，呼吸也跟著往上、往前而縮小了，因此呼吸逐漸變得粗重，小孩雖然也不是用中脈呼吸，但卻是比較放鬆之下的細微呼吸。

接著觀察一下佛陀的身相，為什麼佛陀的整個背是平的，骨頭完全是平滿的？原因何在？

因為佛陀的身心全部放下放空，所以能讓身體的身相作出最好的調整，自然也會讓輪脈系統作出最健全的開展，心若能在任何時刻都維持在沒有一點緊張的成分當中，自然作任何動作時，身體都是完全鬆開的。

在我的五個口訣「心如、氣鬆、脈柔、身空」當中，解釋了這個道理。人跟外界是沒有衝突的，既然沒有衝突，身體肌肉跟骨頭自然完全鬆開。

都攝六根產生拙火

中脈是我們現前生命，在眼、耳、鼻、舌、身、意六根因緣之下，存在我們身體正中心線，而可以讓我們作最大方便應用的地方。

作中脈呼吸練習時，要注意都攝六根，六根不能放出去，因為法界全體都是能量，這個能量透過空的淨化之後，就轉變成我們源源不絕的能量。

若能六根都攝，法界六塵的能量，自然傾盆流入，變成我們的能量，但還是空的，不能執著。

所以中脈呼吸法是根本要義，這跟外面一般僅是瑜伽體位的動作是不同的；以中脈呼吸久了，定力也會增加，呼吸會變長，然後你會發現看東西比較不會被外境拉走，也就能「都攝六根」，當六根收回來時，拙火就產生了。

「都攝六根」的真義是如何？以眼根為例，不是運用眼根去看東西，而是讓東西來看你，耳根也是讓聲音流入，而不是用耳根去聽聲音。

六根對六塵，要讓六塵入流，此中六塵（色、聲、香、味、觸、法）又有何根本義？六塵即是明點，即是能量！

心面對境時，不要被境拉走了，心不要被拉緊，心要放下來，然後讓聲音等外色進來，聲音即是能量。

譬如當我們用眼睛觀看佛像時，先將自心放下，眼根鬆開，讓佛像自然印入眼簾，這時佛像就放光了；不只佛像是這樣，山河大地的能量也可以用這種方式自然進入身中；山河大地的能量絕對不會有負面，因為我們的心念負面，它才成為負面的能量。

再舉個例子，當身體不好卻又坐在一輛聲音很礙耳的車上時，你會更加感到不舒服，此時你可以把那車輪轉動的轟隆聲，想像轉移那聲音放在海底輪裡面，讓能量在那邊鼓動增強我們的拙火，拙火是一種佛身能量，即是動能；同樣的，任何動作本身便是拙火。

但是要注意，修習拙火不要最後停滯在那邊，沒有「空」便會被拙火所控制，因為如果不空的話，拙火能量便沒辦法純化；只有透過空，能量才能純化。

所以不管是聲音，或燈光都可以轉入海底輪成為能量。光明就是大圓滿法，六根都可依此而攝入，六塵亦可依此而轉化。

同樣的，我們面對自己的呼吸，思惟一下，我們的態度是分別緊張嗎？還是把它當作體性？

呼吸本身是空的，是空性光明的，若能持續保任一顆覺醒的心，氣吸進去就越清楚，而且是光明的吸進去，並且要清楚記住光明有三個口訣：如千百億日般光明，如水晶般透明，如彩虹般無實（沒有實體）。

進入這種境界時，呼吸已不是呼吸氣了，而是已經轉化了，是呼吸光明，六根都在攝入光明，流入光明，一切宇宙聲色諸法，都已經不再是煩惱負面能量，而是已轉化增強成光明解脫的力量，心不再被「境」抓走。

所以「會萬物以成己者，其唯聖人乎」，當然是聖人！這就是為什麼我常常稱呼大家為如來，這也是我提出「全佛」的由來，因為這不僅是最好的生命策略，而且就實證上來講，也的確如此。

拙火自然生起法

中脈呼吸法不僅六根都攝，現在還要教授一個不共，並且是最好也是最自然的拙火修持法。

首先把太陽觀想清楚，然後觀想呼吸吸進太陽，吸入太陽並放到海底輪，觀想在海底輪的太陽就像針尖那麼細小，這太陽吸入時是沿著中脈下降，想像進入海底輪中心的蓮花心內，想的越清楚越好。

接著，再吸入一個太陽進入海底輪，每個呼吸都吸入太陽，一直不斷地吸入太陽。

吸聚太陽時，先用摩尼球在髮髻八指處的頂輪往下，一輪一輪的打開中脈，直至海底輪為止，這時就在身體的前後左右的幾何中心打開了一條中脈之道（中脈打開法）。

接著用鼻子吸入太陽進入中脈（太陽不須一定由頂輪進入中脈），這太陽大家可以觀想自己見過的夕陽，觀想這顆太陽縮小後吸入中脈，觀想口訣是「如千百億日光明（明），如水晶般透明（淨），如彩虹般無實（空）」，其中所含藏的明空不二、明淨不二是觀想的核心，而於其中完全沒有執著！

太陽觀想極清楚、極明空、極明淨之後，就由頂輪進入頭部了，此時你可以感覺頭部、眼睛處整個放亮起來，腦細胞也會改變的，接著進到眉心輪，然後喉輪→心輪→臍輪→海底輪，每一階段都觀想的很清楚。

練習純熟後，慢慢地，我們就會在海底輪處發現有亮光浮現，身體也會自然直起來，好像充氣的氣球一樣。

這方法平常就可以練習，假若忘記了，就把中脈再打開一次，然後同樣作吸入太陽的呼吸，不斷練習，直到很熟悉，並且成為日常生活的習慣。

這個不共的自然拙火修持法還可以有一種用處，就是身體如果有某些特別的疾患，譬如肝脾不好的人，就把這個太陽拙火放到肝脾的部位放光，或者腳虛冷的人就放到腳底加熱。

眼睛不好的人，也可以把眼細胞的每一個中脈都吸滿陽光，眼睛便從裡面，由內而外的亮起來。

也就是人體的脈輪，從中脈到三脈七輪，再到全身的七萬二千細輪，乃至每一細胞中間的中脈，即代表人身有無量億脈輪，所以有時在暗房裡，你會感覺到身體裡面比外面還明亮，到最後你會發現外境都是明點所構成。

這個方法晚上睡覺躺在床上時就可以做，但若晚上睡不著的人不建議做此練習。

當我們吸太陽進入中脈時，也可以把光明吸到指頭裡來（指頭的骨髓中間也是中脈），所以兩手的每一根指頭都充滿陽光。

呼吸本身不可思議，呼吸可以上從無量的天上，下至無量的海底，我們現在就練習一下這個奧妙無量的呼吸。

吸聚太陽法

1.清楚觀想太陽

↓

2.吸入如針尖般小的太陽，延著中脈進入

↓

3.想像針尖般大小的太陽，進入海底輪中心的蓮花中

↓

4.再不斷吸入一個、一個太陽進入海底輪

↓

練習純熟後，會發現海底輪有亮光浮現，身體會自然氣機充滿而直起來。

首先，想像自身中脈，從海底輪處猶如普巴杵一樣，向下延伸插入地表，進入地下無量地底，以這個加長型中脈作中脈呼吸。

這方法對身體不好的人很好，而晚上不易入眠的人可以用腳趾頭呼吸，因為這樣作可以讓頂上的火氣下降；一般身體太虛的人很難入眠，這個中脈加長入地底的中脈呼吸，可以助益改善。

我們作這些中脈呼吸的各種練習，每一個地方都可以作呼與吸的自在訓練。

譬如現在用指頭吸氣，指頭就變長了；用另一個指頭呼氣，指頭就變短了；身體五臟六腑都可以作呼與吸的交換訓練，也就是我們身體的每個部份，都把它當成空，空而鬆地練習。

以五大口訣：「心如、氣鬆、脈柔、身空、境幻」來練習，練習純熟了，我們會感覺整個山河大地都在呼吸，我們跟山河大地是完全一體的，沒有敵者的。

其實一切的界限都是我們自己的分別心，把分別心丟掉，這時候，我們的身心就變得更美好，對死亡也不會那麼在乎了，因為此時你已知道：第一根本沒有死亡，第二當死亡來臨時，你很清楚而且很自在。何況養成中脈呼吸的習慣，自然可以延壽。

不共的拙火自然生起法，即不斷的吸集太陽（像針尖般的細小），堆聚在海底輪處，日積月累，恒常行之，不久便會發現身體直立了，骨頭改變了，身相趨於莊嚴，如菩薩身相——獅子胸臆、骨鎖相連相等。

還有一點要補充，除了大椎骨盡量往下掉以外，不管做事或任何時候，當你們感到緊張之時，尾閭骨也請記得往下掉，尾閭骨掉下時會有一個現象，即腰骨會鬆開，氣就昇上來了，頸骨也會往下掉而變直，尾閭骨往下掉還會產生一個現象，即會有熱感出來，並且尾閭骨也會變強，督脈便容易通過去了。

增盛拙火的中脈飲水法

另外，喝水時觀想由中脈下去，進到海底輪位置，丹田馬上熱起來，這個增盛拙火的方式，以前道家是用吞唾液的方式，但吞唾液不如以喝茶的方式。從中脈喝茶，可以幫助我們打通氣脈。

例如肝不好的人並可觀想水由中脈進入肝，脊椎骨不好也可觀想水通入脊椎骨，還可以通到腳底；因此，中脈飲水可令拙火熾燃，也就是喝水時觀想水即能量，水是醍醐精華，所謂「醍醐灌頂」；醍醐乃是由牛奶提煉而成的最精華，最珍貴的飲品。

當醍醐精液飲入中脈，千百億日光明的精華液體到達海底輪時，中脈拙火便熾燃焚燒起來，而引燃中脈的大光明。

所以平常喝水便可以作這樣的修習，假若身體有不舒服，可以將水引至病患的位置；譬如頭痛，便可藉由飲水把中脈拙火光明引至頭部，腳痛則引至腳部。

第二篇

大圓滿拙火瑜伽

第一章 〈大圓滿拙火瑜伽〉修持總頌

一、皈命

敬禮本初法性界　法身如來一切善
密明金剛大總持　幻化極喜淨幻身
露空明月四身圓　一心相映同體住
相即相入傳承具　稽首法界最勝佛
上師本尊會如實　空行護法一心顯
勝法常住現前觀　受用法爾等法身
皈命清淨法金剛　無二無謬總持王

本尊離空赤裸現　一念相知悟等賢
無間勝持離三世　皈命勝利持明王

二、緣起

具信佛子所祈請　密主持明我宣說
如實開示體性法　究竟實相第一義
至柔法界大燄母　悲智雙融極勝樂
現空實相無錯謬　微妙勝利無死虹
殊有如是一念慧　現聞解脫當決定

三、體性

大悲蓮花空行海　自現海印自莊嚴
極悲空智甘露示　蓮華金剛秘密名
自顯五佛智寶冠　本初吉祥我敬禮
四身圓具喜金剛　宛轉報佛樂空淨
不二本智所隨順　瑜伽金剛不壞王
剎那彈指不離初　法身所顯身藍空
報身莊嚴大樂寂　智者現觀法界城

四、見密

依於無比智慧海　體性寂滅而宣說
大悲忿湧體性母　熾燃焰空極明顯
無所得力明空樂　三無差別最勝利
稽首勝智無畏王　不離現觀自成就
究竟秘密勝妙訣　於今現前密交付

五、善修

嗡　阿　吽　娑　哈
極紅焰然密明點　非過現未極當下

豁然無念奮一呸　法界寂滅惟一明
熾然法生法住位　全體現觀生法宮
法性緣生坦然觀　赤露大樂飲空明
無上大樂極秘藥　如來心髓誰飲得
阿　阿　阿　阿　阿　阿
明滿現空極明焰　映若霓虹不可說
無生無滅誰能得　極忿明靜如死滅
秘密三昧法界酒　剎那無失亦無得
無可言語無可說　無動無行一切斷
捨斷內外密法性　三業本寂非次第
豁然一念得本心　赤燄明空大悲母
法爾拙火體性怒　清涼勝熱不可知
唯依現量密導引　現成法界明指示

善哉吉祥眾佛子　現前受飲明空露
赤裸性海童瓶身　四身成就瑜伽王
呸吽呸呸無念火　廣大安樂極柔軟
噫兮至柔法性體　無所得中全體受
空智明王我威猛　現受四喜自雙運
火生三昧體寂闇　無為光明離錟光
大樂無二以空燃　大空無二以悲燃
悲空無二大悲火　遍照明光非內外
無有體中成法界　智焰遍燒無滅界
自在惟一極明裸　退密現空無可見
法界非大亦非小　明空赤錟亦如是

六、明行

大悲王者密瑜伽　自用大樂極廣大
惟一秘明無分別　任運自成自金剛
自生自顯拙火力　無實赤裸現法界

七、勝果

圓頓現成妙覺轉　法爾本初普賢王
現前四身無污染　無功大用金剛王

第二章　皈命三寶

皈命自性的清淨體性

敬禮本初法性界　法身如來一切善

皈命是一切造論的根本，也是一切修法的根本，沒有皈命就沒有佛法。皈命，最重要的是皈命自性的體性。在此，無上大悲忿怒母拙火瑜伽，它所講說的就是體性大悲的智慧，它的傳承是來自本初法性界。所以「敬禮本初法性界」。

本初法性界是指兩者：一者是法界，一者是法性。法界與法性是一體一如；但是在忿怒母拙火瑜伽的大智雙運當中，它成就所謂法界與法性雙運。此法界、法性的雙運，能夠成證法身如來的一切善，而法身如來的一切善即是普賢王如來的體性，亦即是法身如來。

普賢王如來，就藏密來講，是寧瑪巴特別殊勝的法身佛，而其他各派是以金剛持尊為法身佛。就東密而言，普賢王如來即是毘盧遮那佛，所以在《大日經》裏面，毘盧遮那如來他如實的宣說「我一切本初」。金剛界毘盧遮那佛，也被稱為普賢王如來。很多人不了解，認為普賢王如來是紅教所獨有的。事實上，本初普賢如來，在東密金剛界當中，已經如實顯現。

從開始修持一直證入到最後圓滿境界，當五方佛修證成就，圓滿成佛時，這時你會發現到：根本佛性的存在，這是清淨意識所成，此即是第一尊佛、普賢王如來、本初普賢、胎藏界大日如來（因位毘盧遮那佛）。

再者，這一佛出生五方佛，所以在藏密中為第六金剛持。藏密教派（紅教）中即認為他是法界中的第一尊佛，但這不只紅教獨有，其實在胎藏界或

各種派別的法身佛

藏密其他各派：
以金剛持為法身佛

藏密寧瑪派：
以普賢王如來為法身佛

東密：毘盧遮那佛

《法華經》，甚至禪宗的「菩提自性本來清淨」，指的都是一樣的，這是一貫不變的。

這裡所謂的「本初佛」與「第一尊佛」的涵義，不是真有一個單獨存在的第一尊佛，而是我們修證成就時，從自身發生的第一尊佛；即我們自身這生命從無始無明以來到現前實證，體悟到要產生無明之前的本具光明法性。

所以，胎藏界大日如來及普賢王如來，是我們修持成就時的第一尊佛，就我們而言是時空中的第一尊佛，並非有一尊佛開始這樣流出來，而是我們回觀自照而來的。

其實，「本初普賢如來」在《華嚴經》裡就是指我們本有的佛性，是毘盧遮那「因」，普賢就是「道」，成佛的「果」就是毘盧遮那佛。

一切佛都是平等一如的，只是在不同的因緣裏面，示現相應不同的因緣；在佛的境界裏面，無增無減，無退無失。如果在顯教裏面所成證的佛，而到密教裏面反而退失了，這是不可能的；或是在事部、行部、瑜伽部的如來，到了無上密部就變為壇城外圍了，這也是不對的。

因為真實的佛陀，必須具備法身、報身、化身、大樂智慧身，乃至法界體性身，才是圓滿的如來。而佛陀所示現的一切諸佛——化身諸佛，只是他的作用。所謂全體的作用，即是如來全體，所以是相應不二的。

豁然還得本心

我們的心中必須體會，這個法身不離於我們本初一念，而所謂本初，並不是存在於時間、空間的開始，而是我們豁然體悟，一念清淨。這在《維摩詰經》裏講得很清楚，「豁然還得本心」，我們豁然還得本心的時候，會發現本心原來是法身清淨，從來不增不減、不染不污，即是法身如來。

就東密而言，當我們進入海印三昧的境界乃至金剛喻定的境界時，從金剛喻定裏面出生無邊的智慧，出現法爾五智五佛，這時我們安住在金剛峰頂法界宮，自身呈現法身毘盧遮那佛，而化現四身四佛，乃至無邊的密意境界，無邊的金剛法界宮，其實都是我們自心所流轉。

以藏密而言，我們現證法身清淨、法身本初普賢王如來。所以「本初」不是指時間、空間的開始，而是我們智慧覺悟的開始。

但是，智慧覺悟的開始，是從來沒有開始的，因為從來就沒有失去過。所以，在此我們要有所體悟：所謂「本初」並不是落在時間與空間之中；如果落在時間、空間裏面，而想要追求一個開始的話，那就變成了大梵天了，這樣所得到的不是最究竟圓滿的智慧。

我們豁然了悟時間、空間是虛妄的，還得本來清淨之心後，即知道本初法界。本初法界本來是一如的，並沒有分別，所以它沒有「有相」與「無相」的差別，但是為了劣慧眾生的緣故，而宣說有相瑜伽。

密明金剛大總持　幻化極喜淨幻身

露空明月四身圓　一心相映同體住

在此，我們之所以能夠皈命體性清淨，在禪宗而言，我們本來就是自性清淨的法身佛，即是六祖惠能大師所說的：「何其自性，本自清淨」。禪宗一般是直接從法身下手，而非顯現在報、化身的複雜作用。

但是若以為禪宗只有具備法身，這見解又不對了。我們看永嘉玄覺大師的《證道歌》中說「三身四智體中圓」，可見禪宗所講的是法界體性身，所以我們要了解：法身、報身、化身只是功用上的差別顯現。而在密法裏面，特別廣大殊勝這法、報、化三身。

「密明金剛大總持」顯起，在我們這樣的傳法當中，從普賢王如來顯起了報身的金剛大總持。「幻化極喜淨幻身」，我們現在修持無上大悲忿怒母拙火瑜伽，是要得到極喜清淨的三昧耶幻身。

「露空明月四身圓」，在赤露明空的月明菩提心意當中，我們得入四身圓，即法、報、化三身還有大樂身智慧圓滿。

大樂智慧身是在頂輪所現，喉輪現起的是報身，心輪是法身，臍輪是化身。這與一般「嗡、阿、吽、娑、哈」五身的傳承是不同的意義。一般為佛像在開光的時候，持「嗡、阿、吽、娑、哈」，嗡字是化身，依次為報身、法身、功德身、事業身。所以有五色、五輪代表五方佛。

「一心相映同體住」，我們初始的時候，則具足無始圓滿，則初、中、後善，前前不離後後，如輪環圓具，體性如此。

所以說本初即是無間相續，所以初始即是後得，根、道、果都是究竟平等圓滿。因此我們的心與法性相印，就與本初普賢如來無二。

所以，我們從「敬禮本初法性界」一直到「一心相映同體住」，與本初普賢王如來同體無二，如此〈大圓滿拙火瑜伽〉的見地就很清楚了。

檢驗修持的境界

在此，我們可以檢驗一下自己的境界，要檢驗自己的境界不是靜靜的打坐，打坐只是一個初步功夫。如果要檢驗自己對大圓滿的境界，介紹大家一個很簡單的方法：當你看到一切眾生時，能不能生起他們都是佛的現觀？而且這樣的現觀是無間相續的。如果能隨時安住於此，安住在沒有一個眾生不是佛陀的見地之中，如此就是大圓滿的境界。

就是如此簡單，不是呆呆的思惟半天，最重要的是在樂明無念當中，或是在夢中豁然脫口而出：你是佛，他是佛，一切眾生都是佛啊！

有些禪師檢驗弟子的境界，可能會在弟子睡覺的時候，掐住他的脖子，看看他的反應及不及格。平常看起來修持得很好的人，夜半裡被掐住脖子時，如果還是大喊救命，那肯定還是凡夫。如果被掐脖子時，剎那間，無念脫開，這就安住在體性寂靜當中，也就是開悟了。

又如密勒日巴祖師有一次要勘驗其弟子——岡波巴大師的禪定境界時，當時的岡波巴大師已證得很殊勝的禪定境界時，可以七日夜住於定中。

這樣的境界已經很高了，但是在他請問密勒日巴大師自己這樣的定境之後，密勒日巴大師卻說：「唉！你怎麼還安住在太平定當中？你在定水當中，竟然沒有生起觀慧，沒有生起法性的智慧。」

「太平定」是禪宗的說法，也就是指入於定境當中卻沒有生起智慧的觀照，這並不是佛法所要追求的，所以密勒日巴祖師告訴岡波巴大師不能滯止於定中，要生起觀慧，於是密勒日巴祖師就傳授岡波巴大師殊勝的忿怒母拙火瑜伽。

本明的智慧拙火

因此，我們要了解，有些人藉由修鍊忿怒母拙火瑜伽來去除身體上的障礙，這是不恰當的，這就好像拿黃金來打造馬桶一般。

也有些人修拙火瑜伽是為了求得定境，這也是不對。拙火瑜伽怎麼只是用來入定的呢？如果只是要求得定境的話，打坐就可以了，為什麼要修拙火瑜伽呢？拙火瑜伽是要讓我們定慧等持，得到雙運身的；是要讓我們從本明的智慧裏面，熾然生起智火來焚燒一切惡業的薪柴，來成就廣大無邊的大幻化智慧，如此才是正確的方法。

拙火是什麼？是成就本然的佛智。岡波巴大師在密勒日巴祖師的指示之下，豁然見得清淨的體性，這就是因為修持拙火法的緣故。所以我們要建立起如此的正見。

就修行拙火而言，一般認為它能夠清淨身的障礙，這是可以的；能夠得到定力，這也是正確的；但是如果以這樣的心，來修習現在所傳承的拙火瑜伽的話，那會是邪見。因為這個拙火法要傳予的是本明的智慧，悲智雙運的佛身智慧，要讓我們成證大空樂境界，所以現在必須受持這樣的見地，才能產生功德。

上師空行護法皆是一心所顯

相即相入傳承具　稽首法界最勝佛
上師本尊會如實　空行護法一心顯

「相即相入傳承具」，相即是如鏡相照，相入是如水相注，那我們就與從本初普賢王如來以來的所有傳承，相即相入了。在這樣相即相入當中，便具足傳承。

「稽首法界最勝佛，上師本尊會如實」，現在我們觀察這個傳承，從普賢王如來傳承至金剛心菩薩——金剛薩埵，然後再傳到上師，上師是一切傳承的金剛大總持。在這樣的傳承當中，是明空不二的金剛薩埵，而上師即是金剛薩埵，我們也必須自視自己是金剛薩埵。如此普賢王如來，及一切空行聖眾，全部融入上師的身中。此刻，上師現起明空不二，身如薄虹、如水晶一般，完全透明的白色身，在相上大家要如是了知。

「空行護法一心顯」，在我們的修證中，從來沒有認為空行與護法是由心外所現，這是在這個傳承中特別重要的一個意義。

在所有傳承裏面，所有的空行護法都是由我們自心所顯現。所以，這一切護法，不論是大圓滿當中所有的護法、金剛亥母，乃至一切護持這拙火法之護法，不管是二臂、四臂、六臂大黑天，乃至一切空行海護，都是由我們自心所顯。所以說這是由自心所顯的上師、本尊、空行、護法。

我們必須如實的觀察：因為上師是空性，是我們心中所顯現的，並不實際存有。如果能夠體到這點，就是真實得到「大圓滿拙火瑜伽」的傳承。如果能夠真實了悟上師是空性所現，了知上師不是真實存有，上師原來只是一切所現，如此一念體悟就是喜金剛了。

所以《喜金剛本續》裏面說：「說法者我、法亦我，一切顯現盡是我」，這裏的「我」是空義，全體我者，無我也。這樣的秘密、密義，已經在此宣說，願有緣的朋友真實受用。

勝法常住現前觀　受用法爾等法身
皈命清淨法金剛　無二無謬總持王
本尊離空赤裸現　一念相知悟等賢
無間勝持離三世　皈命勝利持明王

「勝法常住現前觀」，在這個〈大圓滿拙火瑜伽〉的傳承皈命當中，所有的上師、本尊、空行護法，整個法界傳承隨時隨地顯現在虛空當中，我們隨時隨地可以見到上師與我們同住虛空，我們自身即是金剛薩埵，而上師現起金剛薩埵身住於頂上。一切虛空界裏面，從普賢王如來開始，廣大無邊幻化妙有，如霓虹、如薄虹般顯現。

這裡要注意，一個修行成就者，如果現起本尊身成就或現起整個虛空壇城，都有一個很重要的特質：這樣的「薄虹」是無實質的，而且他對整個世間眾相也很清楚明白，不會有所錯謬。他心裡面所顯現的虛空明境，與他面對的一切眾生、一切生活行為，在他的心裏都不會產生誤謬干擾。如果產生錯謬，心有所混亂，就不能像大海倒映一般，現起一切清楚明白的眾相。心若長期混亂，精神甚至會錯亂，這是錯誤的。

空三摩地的重要

所以，如果沒有空性的基礎，而來修習本尊瑜伽者，是外道法，所以必須具足空三摩地，來修習本尊瑜伽才能成就；也就是必須具足空三摩地，才能夠修習無上大悲忿怒母拙火瑜伽。

因為大悲忿怒母拙火瑜伽是從空性而來；空愈大，悲愈大；空愈大，火燄愈大；悲愈大，拙火熾然越烈，如此我們「受用法爾等法身」，平等法界一切法身顯現。

我們「皈命清淨法金剛，無二無謬總持王，本尊離空赤裸現，一念相知悟等賢，無間勝持離三世」，這幾句偈頌是說明皈依清淨的賢聖僧眾，我們皈依於具足清淨的法金剛，他們是具足無二的體性，無有錯謬的總持之王，宛如本尊一般遠離安住於空，以無有障礙的赤裸體性示現，救度眾生。與一切法界普賢相等平等，無間總持離於三世，所以我們要「皈命勝利持明王」。

第三章　大圓滿拙火瑜伽的緣起

具信佛子所祈請　密主持明我宣說
如實開示體性法　究竟實相第一義

這些修法的偈頌每一句本身就如同一個圓圈，如同金剛鍊光一樣，是一個一個圓圈的集成，兩句是一個圓圈，三句、四句……一個小圓套著一個大圓，大圓套著小圓，無窮無盡的圓圈，每一句本身都是一段修法，都能圓滿、總持修法心要。所以只要其中一句受惠，即得成就。

這個法是具信佛子所祈請的，依清淨的體性顯現以祕密金剛的密主持明而宣說。因此，造此修法的偈頌時，我的心如實安住在大悲勝海的忿怒拙火體性當中，體悟本來無有宣說的平等諸法，而依緣特別顯示如是的清淨妙法。

所以現前顯現持明的秘密主，是因為沒有凡夫與諸佛的分別緣故，因此能宣說秘主持明；所以秘密金剛自然能堅固，這就是究竟佛慢。

佛慢堅固、明顯、和無間相續，是生起次第裏面所具足的三個要點，這在後面章節會繼續再詳細講解。

「如實開示體性法，究竟實相第一義」，現在如實宣說這拙火瑜伽的體性妙法，而這究竟實相的妙法是屬於第一義諦啊！

拙火的相貌

至柔法界大飲母　悲智雙融極勝樂
現空實相無錯謬　微妙勝利無死虹
殊有如是一念慧　現聞解脫當決定

什麼是拙火的相貌呢？拙火是「至柔法界大敠母」，至柔者空也，至柔者無我，至柔者如幻也；現空如幻的至柔法界，至柔法界是中脈道，至柔者能含容一切法界；小退藏於密，如針，如細針，如最細針，如不可見之針；但是因為柔軟的緣故，能夠含容無邊的法界，整個宇宙含藏在其中，這就是至柔法界。

現在已經開示中脈之相，大敠母從此熾然生起，如果真實了解到這一點的話，身體應當會馬上生起暖樂之相，這是拙火之相。

如果我們具德成就，具信圓滿，福德有緣，此時，即已經得證拙火定。如果沒有的話，我們繼續以下的解說。

「悲智雙融極勝樂，現空實相無錯謬」，這是由悲智雙融、極殊勝的勝樂，是現空實相無有錯謬。在此是實相中修實相，以佛身修佛身，不要誤以為我們又另外有個方法修習，這是此法的秘密心要。

「微妙勝利無死虹」，我們就宛如蓮師一般的無死虹身，是微妙勝利的。

「殊有如是一念慧，現聞解脫當決定」，我們以如是殊勝妙有的一念智慧來相應，現前得到無學的解脫、無學的雙運身，現前得到報身成就，一念決定，這是受持者現在就種下悲智雙運的清淨摩尼寶，就是空樂的明點，也就是無上空樂菩提心。

拙火的體性

大悲蓮花空行海　自現海印自莊嚴
極悲空智甘露示　蓮華金剛秘密名
自顯五佛智寶冠　本初吉祥我敬禮
四身圓具喜金剛　宛轉報佛樂空淨
不二本智所隨順　瑜伽金剛不壞王

剎那彈指不離初　法身所顯身藍空
報身莊嚴大樂寂　智者現觀法界城

如果在前面數句偈頌當中不能夠了悟成就，現在只好現起一些在幻化無實當中的空花佛事。

由「大悲蓮花空行海，自現海印自莊嚴」，大悲蓮花所出生的空行大海裡，上師自現海印自顯莊嚴，在一切本初普賢王如來的加持之下，上師與他相應無二。

「極悲空智甘露示，蓮華金剛秘密名」，從極悲的空智當中，顯示究竟的甘露密意，蓮華金剛是傳承者的秘密名稱。

「自顯五智佛寶冠，本初吉祥我敬禮」，上師自顯現報身佛的莊嚴，至誠禮敬於吉祥的本初如來。因為現起報身莊嚴，所以必須皈命於本初普賢王如來。

「四身圓具喜金剛，宛轉報佛樂空淨」，但是現起這樣的報身莊嚴時，是圓滿四身成就的喜金剛，這個喜金剛不是所謂（Hevajra）藏語，也不是大悲空智喜金剛，而是歡喜至密的金剛所現起宛轉報身佛的空樂，為什麼要如此現起呢？這是拙火的體性能讓我們具足無上的空樂。

「不二本智所隨順，瑜伽金剛不壞王」，隨時隨地相應於不二的本然智慧當中，現觀一切眾生現前是佛陀，所以從初至末無所宣說。

「剎那彈指不離初，法身所顯身藍空，報身莊嚴大樂寂，智者現觀法界城」，在剎那彈指當中，上師顯現的是無雲晴空的法身，也示現以報身莊嚴之金剛不壞王。有智慧的修學者，應該現觀現前的世界為法界的壇城。

拙火瑜伽的密意

依於無比智慧海　體性寂滅而宣說
大悲忿湧體性母　熾燃焰空極明顯
無所得力明空樂　三無差別最勝利
稽首勝智無畏王　不離現觀自成就
究竟秘密勝妙訣　於今現前密交付

現在我們依止無比的智慧大海，從體性寂滅當中宣說這大悲忿湧的體性之母——拙火，它熾燃生起了明空的火焰極為明顯。

在此我們必須具足無所得力，才能圓滿明空大樂。

所以，當拙火熾燃生起的時候，我們不能夠執著，如果執著拙火所生起的樂，而墮於樂中，便會墮於欲界之中；如果執著於明，就會墮於色界。樂與空是相應、雙運不二的，所以「無所得力明空樂」，希望大家能夠善加體會。

「三無差別最勝利」，諸佛、眾生與一切佛法，是無所差別。

「稽首勝智無畏王，不離現觀自成就」，在此，很重要的一點是：「不離現觀」。因為我們本來是法爾成佛，不用宣說，不用指示，本來現前是佛；但是由於不能夠自證佛智的緣故，所以才須宣說這拙火瑜伽的密意。

而宣說者，無可宣說，這一點一定要如實了知，如果不能體悟這樣現前清淨的空性，就不能得到此〈大圓滿拙火瑜伽〉殊勝傳承的加持，因為這樣的傳承是從無身空行當中所現起。「究竟秘密勝妙訣」，這究竟殊勝、無二的空行大法，現在現前密付大眾，希望大眾受用。

第四章 修習的方法

嗡　阿　吽　娑　哈

極紅焰然密明點　非過現未極當下
豁然無念奮一呸　法界寂滅惟一明

拙火是極紅焰然的紅色微密明點，此紅色微密明點是由法界所出生，是自性所出生。它的外相是悲體性是智，是遠離過去、現在、未來。

我們應當現觀法爾本然的忿怒母——拙火之相，非過去、現在、未來，是此刻現具，而不是想：「我現在有一個新的東西熾然生起來」，否則有所得、有所失，即有因有緣，必當還滅，這是無生忿怒母。

所以，所有的假觀本身，只是讓我們豁然還知：我們原本具足法爾的無生忿怒母。這是很重要的。

呸字訣

「豁然無念奮一呸」，現在來談「呸字訣」。呸字可以是破內心混亂，破外一切魔，在剎那之間斷除我們自心一切妄念。

由於呸字的力量極為雄猛，因此誦「呸」字時，心必須安住在正念、慈悲心之中，才不會傷害到其他的眾生。

呸字就外相而言，它就像禪門所謂的師子吼，而這呸字梵文的音是「發吒」，也是同一意思。

我們如是持誦，「吽……呸！」不假循誘，脫口而出，一念斷然，剎那之間，自斷自心的妄念流，這樣一念現起之際，立時破斥一切妄想世界，而現出赤露明空。

當我們自心恐懼時，譬如我們未來可能在屍陀林當中，或極可怖之處修行，遇到從外界顯現極恐怖境界的時候，這時奮然一呸，可以破除一切魔擾。

而現在這呸字的作用，是在斷除我們一切妄念，使我們當下能夠遠離過去、現在、未來，安住於大手印的秘密加持當中。

曾經有過這樣的一個因緣：在十幾年前我在南部的寺院，遇到一群出家的老菩薩，他們都沒有學過禪法，為了交付他們一個修行的方法，希望迅速的讓他們進入寂然的體性而不可得，所以藉由穿針，來訓練他們的專注力。

但是穿針對他們來講太容易了，一股線很快地一穿而過。兩股線也是如此，只好要他們做成四股線穿針。這時，我教人拿了一個碗，裏面盛水，就在他們努力穿線的時候，突然把這個碗「啪啦！」摔破。

這時他們的身心會有什麼樣反應呢？此時的念頭會不會斷掉？很多人都突然驚嚇的經驗，如果突然被驚嚇或突然一陣暈眩時，電光石火的剎那間，我們念頭在那裏？有沒有念頭？有沒有呼吸？那一剎那絕對沒有呼吸。沒有呼吸，念頭頓斷，眼睛突然亮起來，好像看到水晶的世界一樣，這是法性所現，可是一般多半沒有辦法即時成就，沒有辦法安住相續，所以就遠離了。

所以，為什麼要豁然一吒？為什麼禪師會忽然間，大喝一聲？都是希望藉此讓修學者在剎那之間，現觀明體，密意就在此，而不是徒然吒來吒去，那是無用之舉。

熾然法生法住位　全體現觀生法宮
法性緣生坦然觀　赤露大樂飲空明
無上大樂極秘要　如來心髓誰飲得
阿阿阿阿阿阿阿

「熾然法生法住位」，在一開始的時候，都是用果位的見地來宣說，來現起拙火瑜伽的實相境界。如果還是沒有辦法了悟，接著下來就是一個次第一個次第修持的方法。

現觀拙火

「全體現觀生法宮」，忽然之間整個法爾生法宮出現，這個生法宮是從法爾自然生起。大家可以參閱附圖，下面的脈裏面會現出生法宮，但不一定要如是觀。

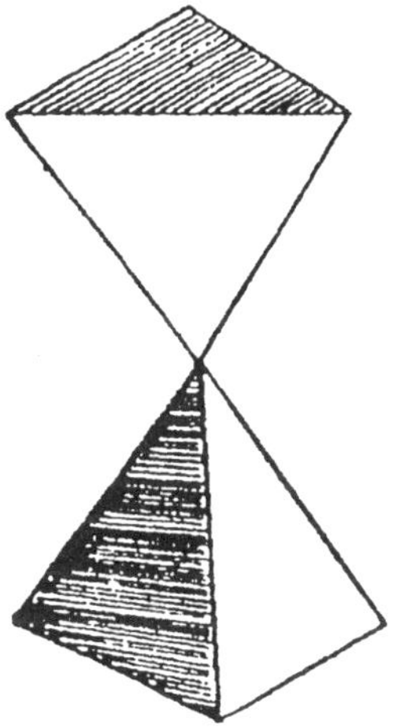

生法宮

「法性緣生坦然觀」，我們法爾自然安住在法性的緣生境界當中，坦然觀照。「赤露大樂飲空明」，這時候整個赤露廣大的大樂現起，我們暢飲明空的甘露法液，無間受用，身上的每一毛孔都是法性光明不斷的流入。

但是在此若仍然沒有辦法現前受用，我們只好用短阿字來觀修拙火，上融頂輪的倒杭字，使菩提月液無間融入。而這無上大樂的極秘藥——如來的心髓，誰能飲得？

「阿阿阿阿阿阿阿」阿字本不生，阿字住本然，為什麼會「阿……」？這是在拙火瑜伽匯入法爾本然的境界。

明滿現空極明焰　映若霓虹不可說
無生無滅誰能得　極忿明靜如死滅
秘密三昧法界酒　剎那無失亦無得
無可言語無可說　無動無行一切斷
捨斷內外密法性　三業本寂非次第
豁然一念得本心　赤燄明空大悲母

「明滿空極明焰，映若霓虹不可說，無生無滅誰能得，極忿明靜如死滅」，這時候我們會見到自身宛若霓虹一般明滿不可言說。在不可得的無生無滅而無得的境界，又有誰能得到呢？所以這其中不得亦不失，從來本不失。這極忿怒的清淨光明，即是我們自身所謂的生死死滅，安住於無死的境界之中。

如果我們對於死亡的了解不清楚，就不能得到無死；對無死不了解，就不能得到無生；對無生不了解，就不能得到廣度一切眾生的成就。

一般人為什麼要求得無死呢？往往是因為怕死。怕死的心是沒有辦法得到無死的實相，只有了悟死亡的實相，不怕死之後，才能體悟無生；而現見一切無生的時候，才能夠生起大悲；大悲的緣故，才能夠現起無死，這才是修習無死的正確次第。

用短阿字觀修拙火

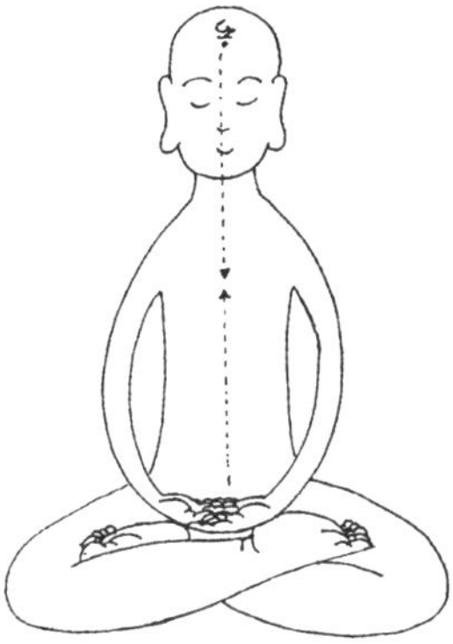

上融頂輪的倒杭字，
使菩提月液無間融入

如果是因為怕死的緣故，而想求無死，是沒有機會成就無死的，因為這樣的見解根本是落在染污當中。就像拿起不乾淨的水，也不過濾清淨，就直接喝下去了。

以害怕死亡的心來求得無死，還是在生死次第當中輪轉，頂多只夠得到長生長壽或是世間悉地，如天仙所成，倒頭來終究還是落於空亡，這要注意！

當如死滅的境界現起的時候，剎那之間我們就暢飲了秘密的三昧法界之酒；而在這剎那裡，我們的生死也就全部死滅了，自然安住在無失無得的境界當中。

在大手印的境界，或是在佛法的禪定，是明空的大定，與道家的混沌之定境，不一樣的。道家不是依覺性，而佛法是覺性的，所以佛法在明空的大定中，現起大智慧，也可以一睡幾十年，甚至百年千年都沒有問題，這看緣起，雖然看來相同，但這完全是不同的境界。道家必須有護法去守護，而佛法的大定只是顯現他的自身明空境界。

「無可言語無可說，無動無行一切斷，捨斷內外密法性」。內、外、密的法性一切皆斷，三業——身、語、意三業本然寂滅沒有次第。這時候，豁然一念現得本心，赤燄明空大悲忿怒母拙火就現起了。

法爾拙火體性怒　清涼勝熱不可知
惟依現量密導引　現成法界明指示
善哉吉祥眾佛子　現前受飲明空露
赤裸性海童瓶身　四身成就瑜伽王
呸吽呸呸無念火　廣大安樂極柔軟
噫兮至柔法性體　無所得中全體受
空智明王我威猛　現受四喜自雙運
火生三昧體寂闇　無為光明離燄光

法爾拙火的體性

法爾拙火的體性是大怒空性，而忿怒母拙火法是引自大怒的空性，也就是我們法爾的大瞋，這拙火的火焰是猝暴而起，所以一般我們又稱它為忿怒母。

所謂大瞋本身必是來自空性才有辦法生起大瞋，凡夫的貪、瞋、癡、慢、疑是相對的、是有限的，是依於緣起而生的。而佛法的大貪、大瞋、大癡、大慢、大疑是依於空性，依於大悲所生起，所以才能真實的大貪、大瞋、大癡。

法爾拙火是從體性空性當中所產生的大悲忿怒火，為什麼要生起大悲忿怒火？因為眾生還沒有成就，必須依大悲忿怒母引燃清淨的智火來成就圓滿，所以「法爾拙火體性怒」。

「清涼勝熱不可知」，法爾拙火的熱力是不可思議的，但是在修習拙火的時候要注意，如果全身忽然間一直熱起來，這就錯了，因為修持拙火，自身不會感覺熱的，反而是感覺很清涼，就像善財童子去參訪的勝熱婆羅門所顯現的清涼之火。（請參考附錄）

如果我們在修習拙火瑜伽時，整個脈道熱得無法忍受，這是不正確的，是有障礙的，身體會出問題。雖然拙火的能量很驚人，可以把整個方圓一里內的雪融化掉，但它不會讓修持的人感覺熱得受不了，否則修行者不就被火燄燒壞了嗎？當然這種熱也能引用來焚燒身體，如許多成就者，將要涅槃的時候，可以用自身的三昧火把自身燒化，這是火光三昧。所以「清涼勝熱不可知」這句話，要仔細領會。

「惟依現量密導引，現成法界明指示」，現在依如來加持的秘密口訣來作修持導引，這是現成法界明顯的指示。

「善哉吉祥眾佛子，現前受飲明空露」，而吉祥的佛子們，共能了悟此法義，一念體悟到這是實相，就暢飲明空甘露了。

「赤裸性海童瓶身，四身成就瑜伽王」，如果能夠再了悟赤裸性海、無死童瓶身，如此即能四身成就瑜伽王。

「吥吽吥無念之火，廣大安樂極柔軟」，這無念的忿怒母——拙火，是極熾熱、極猛烈，卻又極為柔軟。

所以「噫兮至柔法性體，無所得中全體受」，這是讚嘆法界的體性是至柔至順的，我們必能在無所得中，全體受用，大家必須如實了解它的體性。

「空智明王我威猛，現受四喜自雙運」，雙運可以是自體雙運，都是諸佛受用。每一個明點，每一個細胞，都是自體佛陀雙運，所以每一個細胞都是佛，這二句即是要顯現這樣的境界。

「火生三昧體寂闇，無為光明離焰光」，火生三昧是本尊在體性寂滅的法界，因為悲憫眾生的緣故，從無分別中，出生無為光明，這體性的火燄是遠離一切有為差別的遍明焰光。

大樂無二以空燃　大空無二以悲燃
悲空無二大悲火　遍照明光非內外

這四句說明，無二的大樂，是以空燃起，所以是空樂無二。而大空無二則以悲心來燃起，而這就是悲空無二的大悲火燄，也是不可思議的拙火密意，這遍照法界的明光，非內非外，一切具足。這口訣要仔細思惟明瞭。

無有體中成法界　智焰遍燒無滅界
自在惟一極明裸　退密現空無可見
法界非大亦非小　明空赤燄亦如是

「無有體中成法界，智焰遍燒無滅界」，在無有的體性中能遍見一切法界，而這智焰也同樣能遍燒一切無滅法界。

所以「自在惟一極明裸，退密現空無可見，法界非大亦非小，明空赤燄亦如是」，這自在惟一極為明顯赤裸的拙火，它是退藏於密，現空不可得的，這無生的法界非大亦非小，而明空赤燄的拙火也是如此。

拙火與中脈，尤其是中脈和幻身的廣觀與斂觀很重要。修持拙火、中脈的廣觀與斂觀，是如何擴大、遍大到法界，再如何退藏於密到安住本然，這是「法界非大亦非小」的密意。

圓滿的果位境界

大悲王者密瑜伽　自用大樂極廣大
惟一秘明無分別　任運自成自金剛
自生自顯拙火力　無實赤裸現法界

〈大圓滿拙火瑜伽〉所成就的圓滿果位是什麼？這自在生起自顯的拙火

瑜伽，是大悲王者才能成就的秘密瑜伽，這自在受用的大樂極為廣大，惟一秘密的明點無所分別，而任運自然成就自金剛持。此時，所成就的果位就是法界金剛，已經自成拙火！

所以「自生自顯拙火力，無實赤裸現法果。」這自生自顯的拙火大力，能無實赤裸現前，在法界之中生起大作用力。無為任運轉動整個法界，關鍵是在於我們能不能當下認取受用了。

圓頓現成妙覺轉　法爾本初普賢王
現前四身無污染　無功大用金剛王

「圓頓現成妙覺轉，法爾本初普賢王」，在我們圓頓現成而我們妙覺一轉，就是法爾本初普賢王如來，這是我們自身從來沒有離開過的，因為法爾本初普賢王如來是遍法界一切處。

如此一來，那我們是不是法界中人？

如果我們不是普賢王如來，那是誰？

所以我們心裡面有很多矛盾，不敢受用這赤露明空的境界，不敢受用大空的法樂。那敢的人是什麼？是不是我慢呢？我們仔細思惟。

「現前四身無污染，無功大用金剛王」，我們的體性現前具足四身清淨而沒有任何染污，現前即是無功大用的金剛王。

第三篇

次第拙火修法

第一章　〈次第拙火修法〉修持總頌

劣慧不堪示有相　宣說空樂無二相
無生法界普賢母　無滅法性普賢佛
大悲任運智自在　大樂光明自生顯
本來無死虹身佛　自在遊戲示雙運
無生不動金剛現　薩埵現成金剛心

一、修法皈命

皈命究竟密傳承　禮敬上師三寶眾
無可示現惟一密　現成不離佛非佛

至尊赤裸明空露　受恩同體無修證

二、祈請

祈請速證大樂道　忿怒本母熾燃勝
氣離出入住本然　實相中脈會本初
至柔法性悲智圓　明點遍融大樂身

三、體性加持

無可示中生大悲　緣起如空密指示
法爾璇流本法界　癡者諦聽大幻化
善發大悲菩提心　空樂究竟菩提心

現成佛陀無可證　為利眾生願成佛
速修拙火無學道　迅疾成就金剛持

四、上師加持

普賢父母住頂嚴　上師現成金剛持
法界諸佛如虹現　本尊空行三寶眾
如雪入焰遍融入　本師威光極明顯
法爾金剛薩埵尊　自佛無見頂髻上
豁然子母光明會　始憶法爾不離覺

五、外身生起

明顯堅固極佛慢　自成金剛心菩薩
一面二臂身明空　右持妙杵左持鈴
微笑法爾金剛定　毘盧遮那住本然
遍照光明如薄虹　現身如空等身量
智燄密光日海映　實相本身如實見
廣大漸增如法界　宏觀妙身無有外
退密斂觀如芥子　惟一密點極明晰

六、內身生起

現身赤露如水晶　明空無質金剛心
法爾無實現中脈　薄如蓮瓣芭蕉直
明似油燈紅渥丹　上抵梵穴下海底
脈如箭桿漸廣大　如棍如柱遍法界
自身空體如宏觀　遍身充滿無內外
斂觀微密不可得　極空明顯為究竟

七、護輪

陳息盡出住本然　隨息呼吸五色虹

毛孔流光七遍入　現生吽字具五光
如前七入遍身體　刹那現成護輪網
五色金剛極忿怒　右舞金剛左降伏
密如芝麻七遍體　毛孔密住面朝外
現起金剛擁護輪　一心瑜伽自體現

八、佛風

法爾智氣現清淨　九接佛風示本然
智拳巧伸妙風指　右左風道入佛光
五氣五大五智風　隨緣受用住心海
右三左三正負指　次第業劫煙氣消
如是相應反前緣　柔和智氣雙道入

九、脈

現觀中脈法爾相　右脈如血火自性
左脈月精水性空　宛如麥桿極明顯
三脈外示星日月　內紅現空住大樂
中道上梵極海底　上下齊平住寂滅
悲智二道由風門　至頂旁依中道下
三脈相會生法宮　吉祥忿怒瑜伽母
三身三業伊鋑摩野　法身心輪具八葉
臍輪化身六十四　頂上大樂三十二
大悲空智菩提心　氣入住融中脈中
法爾明點極明顯　圓滿明光慈悲潤

細如豌豆極智慧　白色微紅如琉璃
五色虹光五智顯　相揉清淨帝釋寶
母子心光圓菩提　心喉頂眉臍諸輪
一切輪脈遍明光　七萬二千細脈柔
阿字不生普賢母　法界自在無生體
半阿臍下四指現　忿怒拙火自性顯
體性極光熾紅艷　飄如紅毫具熱焰
頂輪倒杭極明朗　法性方便普賢性
水晶生潤菩提點　降滴甘露住月宮
引入風息住雙脈　上養半阿增熾烈
或引下息上海底　喜引息風順左右
由底入中脈阿字　下閉二門氣上引
輕嚥甘露融二氣　阿字摩尼住寶瓶

法爾住息極暖樂　自然出息融氣珠
鼻柔輕現呼藍空　大悲心住短阿空
智火熾盛上尖銳　直明紅空若細針
宛若紡錘速轉動　隨息增長順中脈
心輪倒吽喉輪嗡　勝熱欲融次十息
神牛降乳生初喜　勝喜離喜俱生喜
拙火熾然空大空　圓滿勝空最勝空
如針空焰自增長　勝熱至烈中道行
心輪喉輪正欲融　輕觸頂輪杭字底
月空明點菩提液　淨白甘露如酥融
漸次周潤頂心臍　如蜜相續細傾注
融入短阿拙火熾　大樂遍身諸輪脈
拙火性空如電光　雷閃熾熱極猛利

如實中脈次第升　眉間白毫智火光
三界有情十方界　現前無別具成佛
融入諸佛左鼻道　具藍明光入佛心
不壞明空月明點　智慧方便大樂性
諸佛圓滿勝加持　佛月明點母赤白
空樂明點極和合　赤白俱顯俱生樂
自入白毫融頂輪　空行勇父密和合
大智大力勝持明　明空不二大樂王
短阿續生會頂杭　紅白明點順中流
喉輪嗡字眾生佛　心輪吽字全法身
回融阿字大幻化　妙身具力證金剛

十、後頌傳承

說我有說我何說　說我無示極明顯
秘密究竟金剛月　現前交付持明眾
體性忿怒大金剛　無上光明勝傳承
體性金剛心髓海　無餘受用自受樂

十一、現融惟一明點勝秘要

順覺大智本師尊　常證智頂無二分
五智妙用法界力　毛孔身分法界身

十二、總持口訣

密空極鞏固　極廣大成就
極秘密幻化　極融攝惟一
極喜極大樂　如幻極空空
無所得無為　法界惟一密
無性自明點　清涼勝瑜伽
秘明勝熱火　無性中自在

第二章　拙火瑜伽的次第修法

緒論

劣慧不堪示有相　宣說空樂無二相
無生法界普賢母　無滅法性普賢佛
大悲任運智自在　大樂光明自生顯
本來無死虹身佛　自在遊戲示雙運
無生不動金剛現　薩埵現成金剛心

「劣慧不堪示有相，宣說空樂無二相」，在本然清淨中，由於無明的遮障、劣慧不堪的原故，因此不得不示現有相的境界，所以開始宣說空樂無二的有相境界。

界性雙運

法界與法性雙運的具體形象化：
普賢王如來雙運相

拙火大瑜伽是如何從法界出生呢？是從「無生法界普賢母」，這是無生法界的普賢王如來佛母、法界自在母，而法界自在母是遍法界之義——無生法界，所以法界自在母即是法界。

「無滅法性普賢王佛」，普賢王如來是無滅的法性。普賢王如來雙運相，是法界與法性雙運的具體形象化；是無滅法性普賢王佛與無生法界普賢王佛母二者雙運，是無生般若的法界母與大悲不滅的普賢王佛雙運。

「大悲任運智自在」是悲智雙運之義。大悲任運是普賢王佛，大悲任運自在於法界當中，自在受用；馳騁於法界當體當中，所以是自在受用。大悲與大智在這法界自體當中自在作用，能夠生起大樂光明，熾然生起拙火。

「本來無死虹身佛」，這是自在遊戲所示現出悲智雙運的現象。

「無生不動金剛現，薩埵現成金剛心」現在以東方金剛部的無生不動金剛阿閦佛所化現的報身——金剛薩埵來現起，所以「薩埵現成金剛心」，金剛心就是金剛薩埵，即是法界菩提心義，而金剛薩埵就是法界菩提心所現起的具象化。

大鬆法界

大家要如實了知「相」的體義，而非只是看到外相而已，如果依止於某一個相而禮拜，這與其他的宗教又有何不同呢？若禮拜只是為了求得保護，但是他為什麼要保護你呢？

在實相中，我們是無生無滅的，只是自我侷限在這生死遊戲裡面，而妄自認為這樣子就叫做「死」，那樣子就叫「生」，而產生很大痛苦；然而那些生、死、痛苦，是從來沒有存在過的，只是我們自己玩的幻化遊戲罷了！所以，我們要放鬆坦然住！這叫做大鬆法界，所以「法界次第鬆，至柔法性體」這就是口訣。

心柔軟、身柔軟、氣柔軟，心、息、身三者柔軟的話，自然而然就會現起赤裸的法界。

如果我們的心很柔軟，誰能傷害我們呢？

氣息柔軟，身體氣脈又哪裡會有阻礙呢？

我們的脈道柔軟，就能現起報身清淨！

我們的身柔軟，三昧誓句身永不磨滅！這是真實的境界。

修法皈命

皈命究竟密傳承　禮敬上師三寶眾
無可示現惟一密　現成不離佛非佛
至尊赤裸明空露　受恩同體無修證

同體無修無證

我們現前皈命究竟的秘密傳承，禮敬上師三寶之至尊。本無可示而示現的惟一密意，現成沒有佛與非佛的差異。現在至尊赤裸明空赤露了，如果我們能夠受持佛恩的話。

如果我們認知自身與佛陀是等無差別，而且這種認知本身是離於一切差別相，我們才是真實受持佛恩。

傳說大圓滿的教法的緣起之一，是由國王渣開始的。國王渣是一位印度國王，他有一次供養佛陀，並向佛陀請示佛法。國王渣希望能迅速成佛，而不用長時劫辛勤的修行，並且不必放棄世間的一切。於是他請問佛陀到底有沒有這種方法呢？

佛陀說：「有。」他又請佛陀將這個法傳給他。於是佛陀對國王渣講：「你是佛。」而他聽了便成就了。

當時佛陀身邊有很多的尊者：如阿難尊者、舍利弗尊者等，心中十分不以為然，心想：「我們修了幾十年，還要出家捨棄一切，然而這個國王渣，既沒有離開世俗的一切，也沒有出家，結果只因佛陀這樣一句話，他就成就了，這未免太令人不解了吧！」但是佛陀卻勸他們說，這是因緣根器不同，要他們繼續勤修。

為什麼會如此？這裡有一個重要的因素：是信心的問題，他以全部的信心，生起了赤裸的法性。

祈請

祈請速證大樂道　忿怒本母熾然勝
氣離出入住本然　實相中脈會本初
至柔法性悲智圓　明點遍融大樂身

現在我們合掌祈請。

在前面的階段，我們無法立即現證成就，所以只好從圓頓法開始一步一步的走向次第法。

氣、脈、明點的修持

這忿怒的本母拙火熾然生起時，要注意三個要點：第一是「氣」，我們的氣要遠離出入，住於本然法性當中。第二是實相中脈與本初相會、與智慧相會，才能真實現起——佛法的中脈。

忿怒母的中脈是來自無生的法界，是來自般若智慧的現觀，並不是身體裡面其中有存在一根如麥桿的脈道，也不是修印度瑜伽的人所說的三脈七輪。

佛法的脈是空性脈，是從智慧現觀所生，它不是凡夫身上所纏繞的脈。像道家講太極，但是他們後來受到佛家「無生」概念的影響就講「無極」，但是不論「太極」或「無極」，都是從混沌無明而來的、從迷惘而來；而佛法是依覺性而出生。

我們在此要修持的不是這個無明的脈道，而是從空性裡面出生的實相中

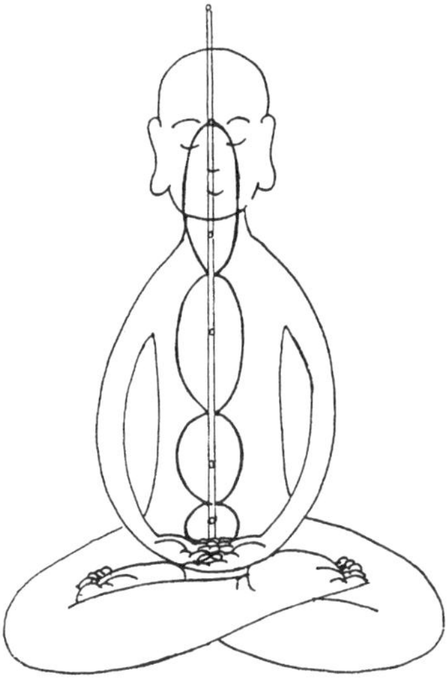

印度教脈輪圖

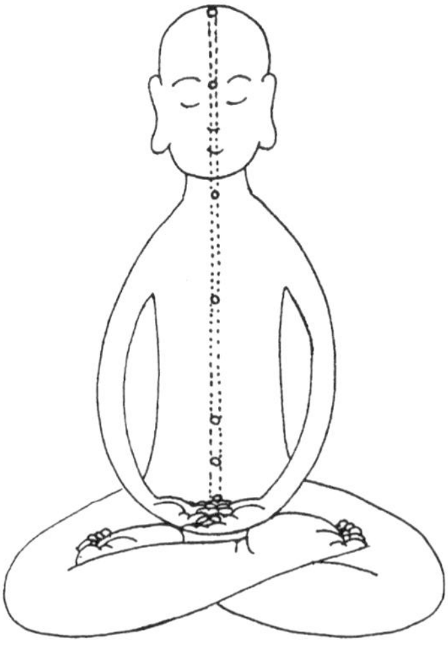

佛教脈輪圖

脈。但是修習婆羅門教和道家的方法有沒有好處呢？就身相和普通的心相上是會有幫助，但是就智慧上是不能成就的。

第三個次第是「至柔法性悲智圓」，因為我們的脈柔，所以全體法界也都柔軟了，明點便能夠遍身；悲智的明點遍身，我們就現起大樂智慧身，這樣的次第要清楚了解。

我們此刻所修習的這個肉身，若是能夠圓滿成證佛法脈道，也必定能夠證得世間上的成就，也就在身心上都能夠得到很好的助益，身體健康、長壽，不易生病，且心易平靜、柔軟，不易生煩惱。

我們身體上的氣、脈、明點的修持，就是要成證這三個次第，因為無法現證圓滿，所以我們要祈請加持，來迅疾得到拙火成就。

體性加持

無可示中生大悲　緣起如空密指示
法爾璇流本法界　癡者諦聽大幻化
善發大悲菩提心　空樂究竟菩提心
現成佛陀無可證　為利眾生願成佛
速修拙火無學道　迅疾成就金剛持

現成的究竟菩提心

這是拙火瑜伽的體性加持，體性加持就是在以下的名言當中，從究竟法義中，得到拙火瑜伽的體性加持。

「無可示中生大悲，緣起如空密指示」，在本來無可顯示當中，但是為了大悲的緣故而生起，所以依緣起如空性般的秘密指示。

「法爾漩流本法界，癡者諦聽大幻化」，在法爾漩流本初法界當中，愚癡無明的眾生，來諦聽此殊勝空樂的拙火瑜伽，最重要的是我們要善發大悲的菩提心，而空樂究竟的菩提心也是現成的啊！

本無可證

「現成佛陀無可證，為利眾生願成佛」，當我們成佛的時候才知道：成佛是本然現成無可證、亦無可得的。

佛法的修持，應是越修越無我，絕對不是越修越感到自己很了不起。

如同我們在修習本尊觀時，若有人很大聲的說：「我是本尊！」而這個自認本尊的人，卻有我執，這樣的本尊想要做什麼呢？希望別人來禮拜他嗎？如果說這個人是本尊，又有很多煩惱，那麼：「我是本尊。」這句話不是空話嗎？因此，這時有人又說：「那我不是本尊。」如此則是有下劣想！怎能修持本尊觀成就呢！所以這「本尊無學道」，我們要善加體會。

所以究竟的殊勝本尊觀，是彈指當中無修、無證、無現、無觀，哪一個不是佛？誰不是本尊呢？所以「誰爾不成佛」。這是拙火瑜伽的體性之道，從無修無證的本覺佛陀中觀起。但是雖然說無修無證，但是為了利益眾生，而生起大悲心，所以還是現起如幻的佛果。

修持拙火瑜伽也是這個道理，所以說「現成佛陀無可證，為利眾生願成佛，速修拙火無學道，迅疾成就金剛持」。這依然是拙火的自體性加持。

上師加持

普賢父母住頂嚴　上師現成金剛持
法界諸佛如虹現　本尊空行三寶眾

如雪入焰遍融入　本師威光極明顯
法爾金剛薩埵尊　自佛無見頂髻上
豁然子母光明會　始憶法爾不離覺

在體性加持之後，以下要談上師加持。前面是完全是對拙火瑜伽在體性上的體悟，接著則要生起觀想。

首先，我們了解一下「上師加持」的意義。

上師是指一位具足傳法資格與殊勝德行的導師，依恃這位導師，接受他的教授，並依據他所傳承的教法來修行。而上師依恃他所體悟教法的修證力量，給予弟子在修行境界上直接的加持與指示，來幫助弟子更快地圓滿成就，趨入究竟的實相。這是上師在外層上的意義。

經由我們對上師完全的信心與恭敬，獲得廣大殊勝的加持與功德。

另外，內層上的意義，上師也是代表金剛薩埵；密層上的意義，則是無上根本的廣大體悟；最密層，是法爾不變的本來清淨。

所以在此的「上師加持」，不論他是一位具德上師或是法爾無染的清淨體性，由於心的本質是空性的緣故，自心與上師是無二無別的。在這樣的體認中，我們來進行以下的觀修。

普賢父母住頂嚴

普賢王父母像

現在現觀「普賢父母住頂嚴」。藍色的普賢王如來，他赤裸空身；法界自在母身白色，兩者都是雙臂相。普賢王父母雙運像安住在我們的頭上。上師現前現成金剛持，現前成就金剛持尊。

「法界諸佛如虹現」，法界的一切諸佛，如虹一般在虛空中顯現。「本尊空行三寶眾」，普賢王父母直接從上師身出生，而上師自成金剛持，如此流轉下來，使一切法界空行諸佛如虹

顯現，這樣的傳承本身是有其特別意義。

「本尊空行三寶眾」，一切佛、法、僧三寶、一切本尊空行，「如雪入焰遍融入」，像雪花融入火焰一般。

我們觀想十方三世一切如虹般的諸佛菩薩、本尊空行護法聖眾們，像雪花一般入於火焰，遍體融入了上師的身中。

「本師威光極明顯」，剎那之間這樣現起的時候，彈指間，上師身上的威光極為明顯，而整個身體完全是透明的，像薄虹一樣，這時就轉成法爾金剛薩埵尊。

「自佛無見頂髻上」，「自佛」是指我們自己，我們自身是佛陀，這是不可忘記的。自身佛陀是一種體悟，而不是強調：「我是！」如果自認「我是佛陀」，這就是我執，而不是佛慢；自身佛陀是實相之事是自生自顯，不生不滅。

子母光明會

在「我們自身是佛陀」的體悟下，在我們無見的頂髻之上，「豁然子母光明會」即是指上師加持，上師是法界光明與我們自身現起的子光明會，這即是子母光明相會。

在前面曾講過，上師是空性的，是法界光明，是我們的一心所顯；上師是本然覺悟的法性，我們是始覺的智慧；母光明是法界光明，子光明是我們自身的光明，這時豁然子母光明相會，住於我們的頂上。「始憶法爾不離覺」，這時我們忽然憶起，原來自身從來法爾不離覺悟。

這樣的觀想，跟一般的生起次第觀想不太一樣，我們現起的時候，時時刻刻都是不離覺悟、不離本初，這全部都要現起，而不只是觀想相互融入而已，一定要和空性相應。

本尊身的生起

明顯堅固極佛慢　自成金剛心菩薩
一面二臂身明空　右持妙杵左持鈴
微笑法爾金剛定　毘盧遮那住本然
遍照光明如薄虹　現身如空等身量
智燄密光日海映　實相本身如實見
廣大漸增如法界　宏觀妙身無有外
退密斂觀如芥子　惟一密點極明晰

生起次第的特質

「外身生起」是指我們的生起次第身的生起，它必須具備三個特質：

佛慢不是生起佛的我慢心，而是堅住於自己根本是佛，而一切眾生也是佛，這是佛慢堅固。

無間是指隨時隨地、無間地都現起自身是佛身。

自己的身體要宛如水泡一樣，宛如薄虹一般，連指甲、毛孔都必須是透明、光明，像薄虹一般，這是明顯。

佛慢堅固、明顯、無間，這是生起次第的三個要點。

「自成金剛心菩薩」，彈指之間我們也現起了金剛心菩薩，也就是自成金剛薩埵。金剛心菩薩就是金剛薩埵，東密和藏密在相上，雖然都是右手持金剛杵，於胸前，左手執金剛鈴於左胯上，但右手的金剛杵持法，稍有不同。本法以藏傳的像為主。

「微笑法爾金剛定」，當我們在剎那之間自成金剛心菩薩，面容微笑地安住著，如同佛住於法爾金剛喻定當中，這是寂滅定，不動本然。因為我們先住於寂滅、住於空性之中，所以才有辦法再現起如幻的境界，所以說「微笑法爾金剛定」，宛如毘盧遮那佛一樣，住於本然境界。

「遍照光明如薄虹」，我們遍身從內至外，到整個法界都一樣，自己的身體宛若薄虹明亮無實。

自成金剛心菩薩

東密的金剛薩埵

藏密的金剛薩埵

「現身如空等身量」，我們的身體完全是空性所成，此刻自身現起等身大小的金剛薩埵，自成金剛薩埵的本尊身。

「智燄密光日海映」，我們自成金剛薩埵的白色光明身，這是智慧的火燄、秘密的光明，宛如太陽從海上升起，陽光照在海面上，相映起層層閃爍的白光，光芒明燦晃耀，如是生起透明的、白色的光明身，此身是明透如水晶一般，但不像水晶那樣實質而是無實質地如薄虹一樣。

「實相本身如實見」，要如實地現起這樣清楚的觀想。

本尊身的廣觀

現在要開始修持本尊身的廣觀。

在我們修持本尊身的廣觀和斂觀的同時，我們自身是金剛薩埵的白色透明的觀想仍然要鞏固，不要忘失每一個觀想的步驟和內容，都要清楚仔細，如此在修持上才會容易成就。

「廣大漸增如法界」，這是廣觀的練習，現在觀想我們的身體開始漸漸變大，變成像房子一樣大，變成像大樓一樣大，變成像所居住的城市一樣大，變成像所居處的國土一樣大、像所居處的洲一樣大、變成像地球一樣大，變成太陽系一樣大，變成銀河系一樣大，變成整個宇宙法界一樣大，身無有任何空間上的障礙，這是廣觀。

「宏觀妙身無有外」，在整個觀想身體變大的過程裡面，要清清楚楚、明明白白，都是透明的、無有內外之分。

本尊身的歛觀

再來修持本尊身的歛觀。「退密歛觀如芥子」，現在進入歛觀。我們前面的廣觀，自身已如同整個宇宙遍法界那樣廣大無邊，現在則要進行歛觀。

我們的身體開始縮小，要縮小成無限無限的小。縮小的時候，我們還是要很清楚明白自己是金剛薩埵的白色透明身。

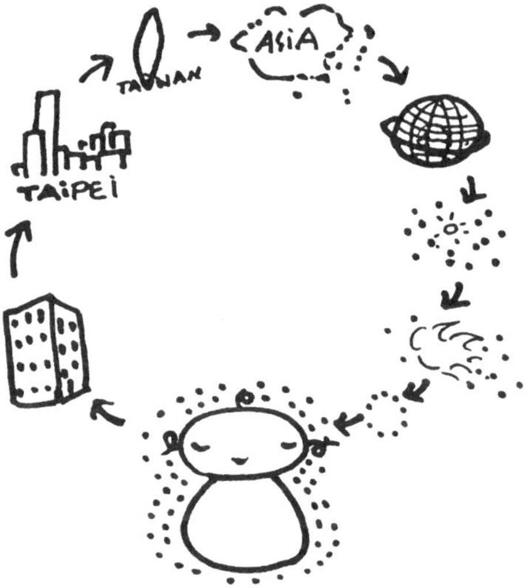

本尊身的廣觀修法

本尊身的歛觀修法

現在從無量的廣大法界，開始縮小變成銀河系那麼大了，再來變成太陽系那麼大，變成地球、所居處的洲、國土、變成像一座房屋般大，變成像一個房間那麼大，再縮回像自己的身體大小。

然後再繼續再變小，變成一尺方圓大小，再縮小到心輪當中的位置，整個縮小到心輪裡面，越來越小，越來越小，小到最後像一粒碗豆，再來變得比碗豆更小，小到我們能思惟的最小點，但卻是非常清楚明顯，即使是縮成這麼小的一點，這本尊身上的光明晃耀依舊，面部的微笑、身上的姿勢、裝飾的各種莊嚴也仍然非常清楚。這就叫「惟一密點極明晰」。

在斂觀至最小的狀況，心安住在此「惟一密點」中一會兒，然後現在再觀想身量回復到正常狀況。

我們現在這生起次第的外身，觀想成就了。現在觀想成就之後，什麼時候需要再觀想呢？從現在開始隨時隨地都可以這樣觀想，外身（本尊身）生起的觀法對我們身心境界有很大的幫助。我們隨時隨地都可以這樣觀想，會慢慢地發覺到週遭的事物也開始改變了，雖然不是馬上改變，但是漸漸的，從整個心到外境會次第地開始有很大的轉變。

廣觀和斂觀，我們要好好修學，廣觀、斂觀的這種觀法很重要，如果能成就的話，對我們的身心都有很大的幫助。如果廣觀與斂觀要修習得更好、更清楚，請參看拙著《月輪觀・阿字觀》，有詳細的講解。

內身三脈、四輪的生起

現身赤露如水晶　明空無質金剛心
法爾無實現中脈　薄如蓮瓣芭蕉直
明似油燈紅渥丹　上抵梵穴下海底
脈如箭桿漸廣大　如棍如柱遍法界

自身空體如宏觀　遍身充滿無內外
斂觀微密不可得　極空明顯為究竟

現在觀修內身的三脈四輪。

「現身赤露如水晶」，接續著前面的基礎，現在整個身體像水晶一樣，像薄虹一樣，像日海映一樣，身如明空，沒有實質，完全明空，現成透明白色的金剛心菩薩。

「法爾無實現中脈」，在法爾無實的境界當中，身內現起中脈相。這中脈的位置，是在我們的身內正中，它不是指我們身內真實存有的一條血肉的脈道；它是智慧開啟在身體上的顯現。

中脈的四相貌

「薄如蓮瓣芭蕉直，明似油燈紅渥丹」，這是中脈的四相。

1.「薄如蓮瓣」，中脈像蓮瓣一樣薄，很薄很薄，能觀想得越薄越好，像竹膜、像蓮瓣一樣那麼薄，而且其中是空心。

2.如「芭蕉直」，像芭蕉一樣直，它是直的、完全的直。

3.「明似油燈」，中脈的光明是自己亮起的，不是光明去照亮它，而是中脈自己顯現出光明了。中脈自身內外都透亮，像油燈那麼明亮。

4.色如「紅渥丹」它的顏色極鮮紅像朱丹色、紅豔明透。

這是中脈的四相：薄如蓮瓣、如芭蕉直，像油燈那麼亮，像渥丹一樣紅。「上抵梵穴下海底」，梵穴輪（即頂輪）是在髮際的八指之處，不要弄錯地方，修遷識法時位置也是在此處，這也是佛陀頂髻所現的位置。

梵穴輪與百匯穴的位置圖

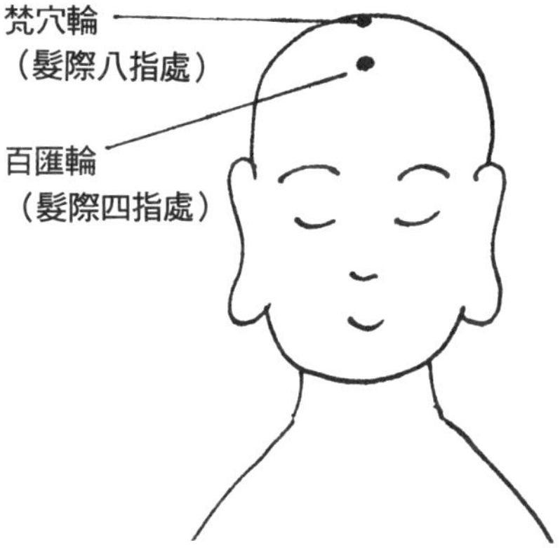

而另外髮際四指的地方是大梵輪，是外道輪，是道家的百匯穴，和梵穴輪位置差四指。

為什麼有這個差別？因為凡夫身與諸佛的圓滿身不一樣，凡夫身的脊椎骨從側看是S型的，而諸佛身的脊椎骨是直的，骨節相疊自然串起的珠串。一般人頸部的大椎穴會突起，但是氣脈明點修持成就的話，就會變平；骨頭突起的位置會變平，到時我們的脊椎骨就會整個自然變成直的。一般人脊椎骨是S型的，那是還沒有圓滿的象徵，圓滿的佛身是自然挺直的。

佛身的特質

我們在修持氣脈明點的時候，修持得很好時，身體的骨骼會慢慢恢復如童身一般；身體氣脈不平順或不飽足的地方，透過三脈四輪的修持，身體會慢慢恢復如童身時的氣機充滿、生氣活潑、漸漸的骨骼諸穴也會平滿。

在我們成長的過程裡面，當我們的身體不再是童身的時候，整個身體的骨骼會展開而不平整，肌肉也是如此，諸穴也會如不飽滿的皮球一般。我們可以觀察，小孩子諸身無穴，沒有特別凹陷的地方，這是因為氣機充滿的緣故，而且骨骼平柔，這是較能接近說明佛身特質的比喻。

佛陀的圓滿身七處平滿，腋下、腳下也是一樣，一般人的這些位置大都會凹陷下去，而佛身則是全部平滿，這是氣機充滿的顯現。當我們修持拙火法成就的時候，也會現起佛身的一些特質。

像毘盧遮那七支坐法中的「收下顎」，收下顎不是低頭，而是下顎平收，頸項兩側的頸骨會因氣機的飽滿，自然顯現出平滿的樣子，這就是中脈的現起。

我們觀察佛身下顎部自然有三條線，這也是氣脈通達的象徵。

觀想中脈

現在我們清楚地觀想身內的中脈，它上抵梵穴輪，下抵海底輪。海底輪在肚臍下四指的地方，但不是在表皮上，也不是在脊椎骨裡面，而是身體的幾何的正中央，因為這是我們假觀的脈。

中脈在身體的正中央，由身體正中央臍下四指處的海底輪，往上到臍輪、到胸部中間的心輪，再延伸至喉嚨位置的喉輪，再到頂部的梵穴輪頂輪，這是中脈的開口。

中脈是智慧在身體上的顯現，我們常常看到佛菩薩頭頂上的隆起的頂髻，這是智慧圓滿的自然現起。

修行到某個程度後，在髮際八指處也會現起如同頂髻的模樣，雖然這尚不是真實佛陀的頂髻之相。我們可以看看廣欽老和尚的身相，他的頭頂凸起來，這就是智慧開啟的象徵。

五髻文殊菩薩則比較特殊，他的頭頂上有五個地方突起，這是因為修五智五如來的緣故。

在修習拙火過程中，修習如法的話，有時骨頭會啪啪跳開，甚至整個上

圓滿佛身的特質

身會像獅子一般飽滿，身材會變得健美。這都是修持拙火瑜伽中，圓滿佛身的過程。

中脈的廣觀與歛觀

「脈如箭桿漸廣大」，現在我們自己身體的外相是金剛身，是金剛心菩薩的身體，自身即是金剛薩埵，而身內的中脈如中空的箭桿，具足前述的圓滿四相。

然後開始觀想我們如箭桿般大小的中脈，漸漸地廣大如棍子，再來廣大如柱子，就像孫悟空那支金箍棒一般，慢慢一直變大，變到一座山那麼大，直到廣大如整個宇宙法界。

但是中脈是薄如蓮瓣的，就像薄膜，是柔的薄膜，能夠包容整個宇宙法界的薄膜。它是透明的、光明的，所以整個法界也都是光明的，遍滿整個法界，所以「如棍如柱遍法界，自身空體如宏觀，遍身充滿無內外」，沒有內沒有外的分別，整個宇宙法界都是。

「斂觀微密不可得，極空明顯為究竟」，再來開始作斂觀，中脈開始變小，本來像宇宙法界那麼大↓像銀河系大↓如太陽系大↓如地球大↓如一座山那麼大↓如房屋般大，到最後變成像自己的身體一樣大，再來變得越來越細小，細到像支管子一般大，再小到比針還細，比千分之一的針、萬分之一的針還細，但是中脈的形象仍是很清楚，因為它是明亮的、光明的，所以是「極空明顯為究竟，斂觀微密不可得」。

建立護身輪

陳息盡出住本然　隨息呼吸五色虹
毛孔流光七遍入　現生吽字具五光
如前七入遍身體　剎那現成護輪網

五色金剛極忿怒　右舞金剛左降伏
密如芝麻七遍體　毛孔密住面朝外
現起金剛擁護輪　一心瑜伽自體現

在海印三昧裡，佛陀有三個身，一個是智正覺世間（智大），一個是眾生世間（識大），一個是器世間（五大），對佛來講，眾生跟佛無分別，所以眾生是佛，器世間跟佛也無分別，所以器世間也是佛；佛是轉識成智，同體無二，所以毘盧遮那佛是遍法界身，六塵（色、聲、香、味、觸、法）和五大（地、水、火、風、空）是宇宙諸法的不同分類方式，其實兩者是同樣的東西。

五大都是光明，觀想吸入五大的五色光明時，要瞭解這五大的五色光明是空的，地是黃色，代表寶生佛；水是白色，代表阿閦佛；火是紅色，代表阿彌陀佛；風是綠色，代表不空成就佛；空是藍色，代表毘盧遮那佛。

經過淨化的，而且是諸佛的智慧跟大悲所作用的光明，所以吸入這諸佛的悲智光明之後，就與諸佛同體無二。

因此，呼吸時觀想把整個宇宙一口吸入，意即把整個佛的五大光明變成我們自身，由於是透過空的淨化和悲智作用的關係，所以內外同時獲得淨化。

吐氣的練習

「陳息盡出住本然」，自然的用鼻子吸入悲智空的五大光明，然後把身體的陳息吐盡，初步階段是吸入五色光明，吐出濁氣，但當修習進步，悲心發起，開始生起三昧時，可改為吸入光明，吐出光明，吐到息盡了，就安住本然定中；再慢慢地恢復吸氣，將氣深深地吸入身中。

再說明一下入定的狀況。

當玄奘大師到西域時，路途中碰到一些入定的阿羅漢，若要喚醒這些入定已經很久的阿羅漢，必須先用牛奶擦拭其身，直至其身毛孔吸入牛奶而不再乾燥枯索時，再用引磬敲聲，請其出定。若不先用牛奶潤濕其身，而猛然喚醒，則這些阿羅漢會馬上身骨碎裂，入於涅槃。

還有一個例子，以前廣欽老和尚入定三個月時，有人以為他已經死了，就去跟他師父講：「你徒弟已經死了，把他火化吧！」他師父一開始很有信心的說：「沒有死啦！是入定了。」後來再過一陣子還是沒有出定，信心就動搖了，於是去請弘一大師來鑑定，弘一大師到現場一看，在他耳邊彈指三下便走了，老和尚就出定了。

入定時是入出息斷，其中的身、息、心三者，身最粗，其次是息，心最細。所以出定時，先從心動，再息動，最後是身動，虛雲老和尚入定九天，廣欽老和尚入定三個月都還好，身脈不致於乾掉，但如果是入定幾十年，幾百年，尤其是在沙漠地帶時，身脈一定都乾枯掉，此時若猝然牽動身體，身脈必斷，出定即是涅槃時。

像我自身的經驗，我從國中二年級開始，就可以控制心跳、血壓，以及身體的溫度，結果在高二時，有一次因為控制的太過度而差一點死掉，神識差點飛出去；所以不要特別用意念控制呼吸，呼吸要自然，只要息自然的停止；身體就自然停止，另外，心若達到很微細時，息也自然微細若止，也就是不要運意控制呼吸，而是陳息自然吐盡，心亦自然安住。

現在我們練習把所有的陳息（身內的濁氣）吐掉，儘量吐盡之後；此時的呼氣與吸氣都儘量使用鼻子來呼吸。

在所有的氣脈修法裡面，吐息是很究竟的秘要，但是幾乎在所有的修持之書裡面都沒有提到。

會吐息的人就會吸氣，這也是養生之道。很多人都急著要吸氣，以為這樣氣才會吸得比較多，但是如果此時沒有先將身體裡面的陳息吐空，身內滿滿的都是濁氣，這樣如何能把氣吸入呢？只有把陳息都吐盡，才能再把氣吸進來。

這時吐盡陳息的要訣，是先自然地吸一口氣，然後再開始吐氣，把全身的氣吐掉，想像全身的廢氣、濁氣，經由鼻子不斷地呼出。在這吐氣的過程中，不要換氣，這樣將全身的氣吐盡，吐到沒有息了，安住本然，再慢慢地恢復吸氣，將氣深深地吸入身中。

如此，反覆作幾次。當我們將陳息吐出之後，整個身體會感覺縮小一些，身體的每一部分都會感到縮小，手也會變短，指頭也會變短，肩膀也會變窄。練習此方法，也要同時注意一下，練習時的週遭環境，空氣是否流通，是否乾淨、清新。

試想經過這樣的吐氣之後，能夠吸入多少氣呢？這是很驚人的。但是只有在身體所有的脈都通達，才可能將陳息吐盡。所以我們要多練習吐氣，這對我們的身體，有很大的幫助，肺活量也會增加，腦部的含氧量也會提升，思緒會更靈活。

我們呼吸所出入的每一個地方，都能找到諸身的穴脈，所以有耳穴療法，同樣的眼睛也可以有眼睛的療法。也就是說身體的某一個部位，就如同身體的小宇宙，全身的縮影一般，所以在其間都有與全身各個器官相關聯的穴位，頭部也可以發展出頭針治療法，鼻道也是如此。

譬如現在我們想像身體的左半邊地方，從腳趾、手指、指頭把氣吐掉，氣吐掉之後，此時我們如果很微細地去觀察，就會發現左邊的手會縮短一點點：這時把氣吸進去時，又會恢復。若我們想像將左手的氣吐掉，會發現左手比右手短、小一點點；現在再想像把右手的氣吐掉，這隻手就又一樣了。所以，這手、身上每一個地方都是同體相連的，我們這樣體會，可以達到氣道成就。

觀修護輪

「輪」的梵文叫Cakra，法輪是Dharma-cakra，時輪是Kalacakra，輪本身是武器的意思，護輪就是把我們身體保護起來的武器。

其實修證到最後是不須要護輪的，但在還未達到這個無懼的境界以前，有些人若心有所畏懼的話，那就觀修護輪把身體保護起來；假若要防護範圍更大而完美的話，就用結界法。

護輪的觀修方法有的很複雜，我們現在講的是很簡單的，即「隨息呼吸五色虹」，就是觀想由鼻吸入五色光，這是用諸佛的清淨光明，宇宙的高階能量來保護自己，諸佛的清淨光明一直都在那邊，是不增不減的，不會因為你用或不用而有所增減。

「五色虹」即五大的能量而以色的光明來表達，其中風大本來是玄（黑）色的，但藏密裡的風大是以綠色表示；而中國傳統有五行的說法，認為東方屬木（配青色），南方屬火（配紅色），西方屬金（配白色），北方屬水（配黑色，有北方玄天上帝的說法），中央屬土（配黃色）。

所以唐朝善無畏到中國時，中國寺廟裡佛身的配色常有混淆的狀況，有些佛身的配色保有原來五大五方的配色，有的則直接套用中國五行配色的說法；另外由於金剛界和胎藏界的諸尊略有差異，所以也造成佛身配色的不同；但不管五大配色為何，那只是一套將身體內外能量相結合的運作系統而已。

修法最難的並不是外在的技術，而是理趣的通達，我之所以一直在跟大家強調理趣知見，是因為理若不通，氣必不達，脈亦難通，理趣有所疑惑，心脈必生阻塞，因之何謂中脈？如何打開？中脈是智脈，只有開悟才能打開中脈！

現在大家都在修習中脈，但只能算是假修，對於將來真正打開中脈確有助益，要到開悟見中脈了，才算真正得到中脈。所以開悟的人，有其外在的境界，但具有這些外在的境界並不見得能開悟，因為開悟境界必然是「氣斷、脈停、心念斷」，心念斷、氣斷、脈停的時間可能很短，是剎那間，不一定是在定境裡面，但也可能在定境裡停很久，兩種情形都可以開悟，只要心離粗，念離粗，回到本心即是。

在這種境界裡，重新看到宇宙，密宗叫「見明體」，「明體」是明空不二！很多人見「明」相，見「明」相沒有見「空」的話，是落入色界。

但禪宗不談這個，為什麼？「若見諸相非相，即見如來」，禪宗見明體而不談，是直接跳過去了，但在「見明體」的體悟上，卻用「銀碗盛雪」及「露地白牛」來形容，所謂「銀碗盛雪」者，一片淨白也，「露地白牛」者，白中之白，白中之淨也，此即明體。

然而禪宗之所以不談明體，是不希望行者躲在這邊，因為即使你有這個相，也不見得是開悟，這個相在某些狀況也會出現，譬如驚嚇或死的時候念頭會斷，此時法性光明會現起，但大部分人卻沒有辦法安住相續，而若此刻剛好有一位禪師過來，大喝一聲，令行者在剎那之間能現觀明體，那就開悟了；問題是碰到這種境界，大部分的人卻沒有辦法進入悟境；所以只有明境，沒有悟境，不能算開悟，所以「明體」是明空不二，不只是明。

但禪宗以「若見諸相非相，即見如來」來直接破除，免得有些只有明境沒有悟境的人，也大談開悟，變成空口白話；密宗有明空之境，但境亦不是，若對境生起執著，就變成在境中作夢。

我以前打禪時有一個經驗。有一次在經行時，整個身心統一了，即六根統一，此時行不知行，坐不知坐，食不知食，就像古德大慧宗杲的師父圓悟克勤說：「這小子參的是黃楊木禪，縮手縮腳的」，因為大慧宗杲參到最後是吃飯時，拿起筷子，卻忘了吃飯，即六根統一了，沒有分別。

那天晚上時，禪師問大家：「有那一個不怕死的？不怕死的舉手！」結果就有一位美國女孩子舉手，於是禪師舉起香板，作勢要打她，那個女孩馬上抬臂要擋住，這動作就露出破綻了，表示還有分別意識，一個真不怕死的人，並不會分別他不怕死，所以會說自己不怕死的人，一定怕死！只是問題有沒有找出來而已。

這讓我想起四祖跟法融的故事。

法融禪師真不得了，他住的地方是跟虎狼混在一起，蛇鼠滿處都是，四祖去找法融的時候，一到他住的地方，放眼一看，虎狼遍佈，於是露出畏懼的樣子。

法融目睹此景，頓然感傷心欲絕，原來名滿天下的一代禪師「尚有這個在！」不過法融還是把四祖留下來住一宿。

四祖進了法融的茅蓬，就在法融平常禪坐的座下寫了一個「佛」字，結果法融一看到「佛」字在那邊，便也不敢坐上去，四祖就說：「哦！你也有這個在！」法融便悟了。

借由前面故事，告訴大家如何害怕，就是：害怕的時候就怕，就不怕了！沒有你怕、我怕的分別對待，怕只是怕，在這境界中怕就沒有了。

當我在打禪時，那時身心境界是六根已經完全統一，這時禪師看著我完全沒有反應，手裡拿著香板問我一些話，我完全沒理睬他，其實不是不理他，而是沒有他理，心一無別，自他何存？

那時禪師用香板打了我三次，我那時身心完全統一，知道有打，但是心無分別，不會痛，結果這時禪師講了一句話，這句話很高明，很厲害：「還在黑漆桶裡」！意思是說，只有定境，沒有慧境；如果沒有慧境，從定境出來時，還是凡夫一個。

結果在那一剎那，就像一個充滿氣的氣球，被針刺破了一樣，忽然之間驚天動地，我嚎啕大哭起來，很多人以為我是被打哭了。

之後禪師便叫我到外面去看一看，我就走出禪堂，到外面看一看，這一看，不得了，整個世界就像被雨清洗過，變得清新明亮極了，就像戴著水晶眼鏡所看到的世界一樣，所謂「雨過天青雲破處，這般顏色做將來」，所以從悟境所看到的世界，就像明鏡裡所照見的世界一樣，很清楚，但很虛幻，越清楚，越虛幻。

我們一般人所見到的世界，看起來是很現實的，但是不清楚，模模糊糊的，不真實；例如我現在舉起這隻手掌，手指在轉動，手臂很穩定，看起來手指像幻影一般；如果你的手臂不穩定，手指轉動時，看起來沒有幻影。

所以開悟時，整個世界就像水洗過一樣，清新耀眼，明亮光瑩，但是有這個境界不一定開悟；開悟者乃「會萬物以成己」，山河大地都可引為自身之能量，自他無別，因此你可以跟樹說話，跟雲聊天。

但這種情形在禪堂是沒問題的，在悟境中可以，不過要從悟境中出來，否則，可能會發生走在馬路中間時，看到一輛車疾駛而來，卻停在那邊說：「這車子很漂亮！」然後就「碰」一聲，被撞倒了。因為初開悟時，我們沒有分別心，所以也不會跑開。

密宗灌頂的「得灌」即是禪宗的開悟，只是密宗在真實得灌前，要先作許多身心的調整，而禪宗則直接從心性下手，「指授即無，惟論見性，不論禪定解脫」；兩者方法不同，其旨一也。

現在回到前面「建立護身輪」的「隨息呼吸五色虹」的部分。五色虹是宇宙的五大能量，用五種顏色（白、藍、紅、黃、綠）把它Mark出來，但不一定非這樣不可，因為不同的修法系統，譬如胎藏界便和金剛界不同，或者像中國的五行系統的配色觀念也不一樣，中國是白山黑水，水的配色是黑的，而〈普門品〉：「黑風吹其船舫，漂墮羅剎鬼國」偈裡，風的配色又變成黑的，但其實這些差異不必執著，就像電腦作業系統中的微軟和蘋果系統，都可以運作，兩者之間只要可以對話就好，不必特定何者才對，猶如開車，開寶馬車的對，開賓士車的對，而開裕隆車的也可以到家，只要都遵守交通規則，規定開左邊時勿開右邊即可，不必執著非開左或右才可，應入境隨俗。

練習修持護輪

我們現在練習吸入五大光明，首先吸入地大黃色，寶生佛的光明，從鼻子開口下端吸進，沿著中脈入身，其次水大白色，阿閦佛的光明；接著火大紅色，阿彌陀佛的光明；再來風大綠色，不空成就佛的光明；最後是空大藍色，大日如來的光明。

現在我們練習把五大五種光明一起吸進來，然後觀想全身每一個細胞，每一處骨髓，每一個器官，每一個毛孔，全部一起吸入五色虹光，然後很自然的呼出，呼出的氣也是五色虹光，每個毛孔都流出虹光，如此觀想七次遍出遍入，也就是「毛孔流光七遍入」。

再來觀想五色虹光變成五色「吽」字，此即「現生吽字具五光，如前七入遍身體」，這吽字可觀想成是藏文的字，也可以觀想梵文的字，如果對藏文與梵文都記不熟的話，也可以想成中文的吽字。重點在我們是否通達吽字的真義，吽字代表東方金剛部的護法。

「隨息呼吸五色虹」，了解前面吐氣的要訣之後，將氣吐盡了，再來要想像吸入五色的虹光。

五色虹光是地、水、火、風、空的光明。我們的鼻孔，中間代表是空，兩邊是火、水，上面是風，下面代表地。

現在我們吸入五色的虹光，不只由鼻吸入，想像身體各個毛細孔、各個部份也同時吸入五色的虹光，吸入五色虹光之後，然後全身再呼出的氣

練習吸入五色虹光

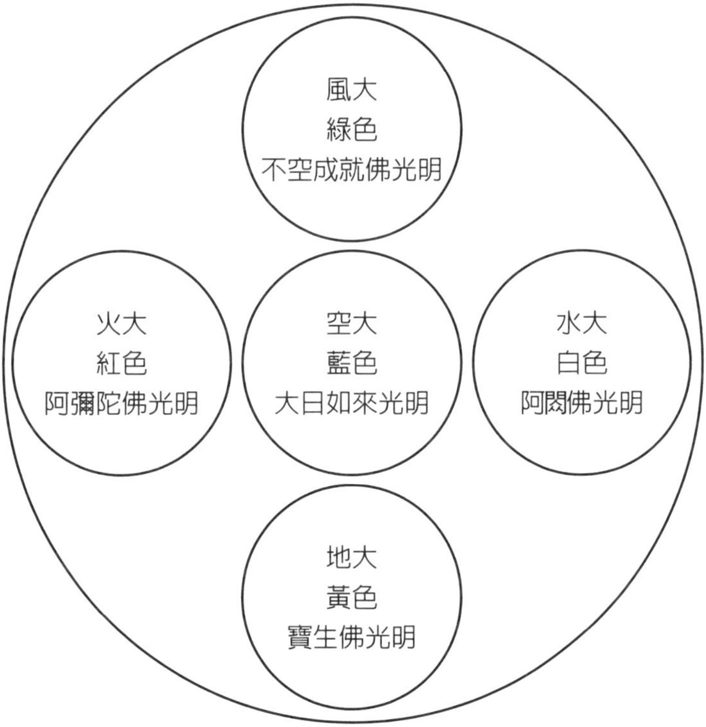

也都是五色虹光，到最後毛孔都流出虹光，全身虹光遍出遍入，如此觀想七遍，七次入七次出。

再來，這五色的虹光開始變成吽字，像前面一樣七次出七次入於我們的身中。這吽字七次進出我們的身體之後，在剎那變成護輪網，護住我們的毛孔。

接著吽字再七次出入之後，這五色吽字就變成五色的忿怒金剛，也就是金剛手菩薩，這忿怒的金剛右手持著金剛杵，左手結降伏印，威猛地在我們的前面。

但金剛手菩薩有很多不同的造像，就像每一尊菩薩在不同國家，都會重新妝扮成各個國家的服飾和長像一樣（譬如大黑天到了日本有二種造像，一種是瑪哈嘎拉，另一種是七福神裡面的財神）。

金剛手菩薩原來的造型是站在釋迦牟尼佛左邊，跟站在釋迦牟尼佛右邊的蓮花手菩薩一樣，都是很莊嚴；但在顯教裡，金剛手菩薩就轉成普賢菩薩，而在密教裡頭，金剛手菩薩轉成二種造像，其一是金剛手，其二是金剛薩埵。

五色吽字轉成五色金剛，這五色忿怒金剛可以想像成我們自己原來護法的樣子，譬如你原來的護法是大黑天，就轉成大黑天，原來的護法是不動明

金剛手菩薩的造像

金剛手菩薩的
古造像

顯教造像
金剛手菩薩轉成
普賢菩薩

密教造像
金剛手菩薩的二種形像

金剛手

金剛薩埵

王，就轉成不動明王；若本身原來沒有什麼護法，那就以金剛手為主，金剛手右手執金剛杵，左手結降魔印。

我們觀想這密如芝麻般的忿怒金剛，遍滿整個虛空，閃耀著五色的光明。如此再一呼一吸七次出入之後，這些五色的金剛，臉孔面向外，護住我們身上的每一個毛孔，每個金剛在我們的毛孔中，這是成就護身輪。

為了守護住我們身上所有的毛孔之外，整個虛空也都遍布了五色金剛，將我們全部保護住了，此即「密如芝麻七遍體，毛孔密住面朝外」。

「現起金剛擁護輪，一心瑜伽自體現」，我們現起了金剛擁護輪，這是一心瑜伽自體所現在。

修持護輪

1.吐息時，先自然用鼻子吸氣再把所有的陳息吐盡。

2.氣吐盡了，安住本然的境界。

3.觀想由鼻吸入五色虹光。

4.觀想身體各個毛孔及部分，同時吸入五色虹光，全身呼出的氣也是五色虹光，如此觀想七次。

修持護輪

5.觀想五色虹光變成五色吽字，可觀想成梵文、藏文或中文吽字，一呼一吸練習七字。

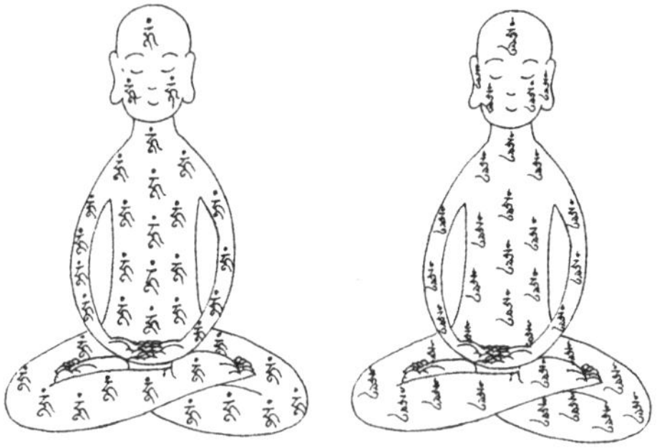

6.觀想五色吽字轉成五色金剛，一呼一吸練習七次。忿怒金剛，右手持金剛杵，左手結降魔印。

7.成就護輪。觀想五色忿怒金剛臉孔朝外，護住每一個毛孔。

修持九接佛風

法爾智氣現清淨　九接佛風示本然
智拳巧伸妙風指　右左風道入佛光
五氣五大五智風　隨緣受用住心海
右三左三正負指　次第業劫煙氣消
如是相應反前緣　柔和智氣雙道入

清除業劫氣

在我們觀修完「護身輪」之後，接著練習清除我們身內的業劫氣，這業劫氣是我們無始劫來，無明煩惱所成之氣息。現在我們要修習拙火瑜伽成就，就要將此業劫氣去除。

「法爾智氣現清淨，九接佛風示本然」首先，觀想一切清淨的智氣，以九接佛風的方便修法，去除業劫氣，示現本然的境界。

「智拳巧伸妙風指，右左風道入佛光」，「智拳」是指我們手結智拳印，以大拇指扣住無名指底，佛家講「拳」大部分就是指智拳，這也是毘盧遮那佛的手印。當我們一手持念珠念佛的時候，另外一隻手也可以結智拳印。「妙風指」就是食指。

「右左風道入佛光」，就是我們要從鼻孔左右這兩個風道吸入佛的光明、清淨的智氣光明。

「五氣五大五智風，隨緣受用住心海」，把五氣五大五佛的智慧之風息，隨緣受用安住在我們的心海裡面。

現在，左手結智拳印，置於右側肋骨，左臂很輕鬆地置於胃前，手臂慢慢翻轉，使拳背貼住腋窩之下，與肘同高。

右手亦結智拳印，但伸出食指，用指背（指甲的部位）塞住左鼻孔，緩緩地用右鼻孔深深吸氣。

右鼻孔開始吸氣，吸入整個法界的智氣，都是白色的光明，整個宇宙中諸佛的智慧氣，整個光明的加持，都住於我們的心輪之中。這智慧氣是空的，智慧氣進入的中脈也是空的——空而且柔軟。

在此，有些修法則是將光明吸入到海底輪的位置中，然後再做其他觀想，但是在這裡，我們選擇比較簡單的觀修方法。

吸入氣之後再來將右食指改塞住右鼻孔，但是，此時是用指面（即指腹的部位），而非用指背，把體內的氣全部吐掉，吐掉氣是代表把我們體內所有的濁氣、不好的氣息全部吐出。然後，把光明的氣息吸入，業劫濁氣吐出。

平常我們修習的時候，可以在吸入的時候，慢慢吸久一點，即安住在吉祥定中，然後再緩緩吐出，如此安然地吸入、吐出，會感覺身體很舒服。

「右三左三正負指，次第業劫煙氣消，如是相應反前緣，柔和智氣雙道入」，再來跟剛剛相反了，以左手指指背按住右鼻孔，以左鼻孔吸入智氣，再以右手指指面按住左鼻孔，用右鼻孔吐出濁氣。

先清除左邊的脈道之後，現在再來清除右邊的脈道，這時兩邊脈道的氣都清淨了。然後把手放下來，兩個鼻孔一起吸氣，把法界的智慧氣、白光全部吸進去，再把濁氣吐掉，先吸入再吐掉，反複三次。如此總共九次，這叫做「九節佛風」，也叫「九接佛風」。

此修法可以把業劫氣全部吐掉，把整個法界光明之智慧氣全部吸進來。我們平常就可以修持這個方法，練習純熟了，對身體有很大的幫助。另外也有很強烈的「寶瓶氣」修法，此法若練得不小心，可能會傷害身體，所以這方法先不介紹。

以上步驟共練習九次，所以稱為「九接佛風」，也就是「九節佛風」；但若有人說：「一定要這樣練習，不照這樣練習不可以！」，真的不依照這樣練習的話，護法會處罰你嗎？如果練習的方法都不會，或不記得方法就沒辦法修九節佛風了嗎？不是的。

其實最重要是體解九節佛風的要義，其要義是：把智氣吸入，業劫氣消除。如果真的細節忘記了，你就練習最後的步驟「柔和智氣雙道入」，兩鼻孔一起吸進法界的白色光明，再把濁氣吐掉；而且吸入的智氣也不一定要安住在心輪，你若已經練習到吸入光明到海底輪，那也可以「隨緣受用」在海底輪，安住在海底輪。

佛陀並沒有說一定要安住在心輪才能開悟，不安住在心輪就不能開悟；但有些人若沒有一些依循的步驟或次第的話，就沒辦法練習，所以只好把步驟次第寫出來，有個依循的方法也不錯；但是要了知不是只有這種方法才可清除身內業劫氣。你們若有其它習慣的方法，或其它傳承的方法，可以依循原來練習的方法，這個方法只是提供一個比較正統的方法，不過也不要執著這個方法，非得如此不行，那是沒有道理的。

練習九接佛風

1.左手結智拳置於右側肋骨腋窩下，與手肘平行，右手智拳印伸出食指，指背塞住左鼻孔，用右鼻孔慢慢、深深的吸氣。

2.開始吸氣，吸進整個法界的智氣，都是白色的光明，將整個光明智慧氣住在心輪。

3.將右食指指面塞住右鼻孔，把體內的濁氣全部吐掉。

4.平常修習時，吸氣可久一點即安住於吉祥定中，然後再吐出。

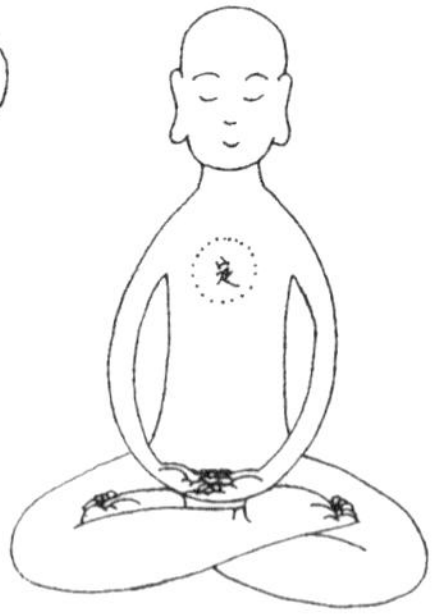

練習九接佛風

5.與前面步驟動作相反，以左食指指背按住右鼻孔，以左鼻孔吸入光明的智慧氣。

6.再以左手指指面按住左鼻孔，用右鼻孔吐出濁氣。

7.把手放下，兩鼻孔一起吸法界的白色光明智慧氣。

8.再把濁氣吐掉。

練習時最根本的重心是在吸入法界諸佛光明的智氣，吐出身內業劫濁氣，經過這樣不斷的練習再練習，使你對氣的感覺愈趨深刻，練習純熟到隨時隨地都可以作九接佛風。

只是初開始練習時，還是建議大家，先依循正統的方法練習一下，但因為先前已經教過大家最殊勝的方法，所以你們可以吸入智氣時，直接吸入海底輪處受用。

拙火生起

現觀中脈法爾相　　右脈如血火自性
左脈月精水性空　　宛如麥桿極明顯
三脈外示星日月　　內紅現空住大樂
中道上梵極海底　　上下齊平住寂滅

悲智二道由風門　　至頂旁依中道下
三脈相會生法宮　　吉祥忿怒瑜伽母
三身三業伊鍐摩野　　法身心輪具八葉
臍輪化身六十四　　頂上大樂三十二

「現觀中脈法爾相，右脈如血火自性，左脈月精水性空」。中脈是法爾相，所以是空的，右脈是血、火的自性，左脈是水的自性，這是三脈。

「宛如麥桿極明顯，三脈外示星日月」，這三脈外顯之相，中間的中脈外表的薄膜是藍色的，如星火一樣，內面都是紅色的，而右脈是血紅色的，左脈是白色，但是三脈的裡面都是紅色光明。

「內紅現空住大樂」，這三脈的內面都是紅色的光明，都是現空無實的清淨光明，所以能住於大樂之中。「中道上梵極海底，上下齊平住寂滅」，中脈之道是上抵梵穴輪（頂輪），下抵海底輪處。這中脈上下非常的齊平，是法爾之相，是究竟的寂滅相。

「悲智二道由風門，至頂旁依中道下，三脈相會生法宮」，這是指代表悲智的左右二脈，從風門（鼻孔）處，一直到達頂門，再沿著中脈的二側而直下，然後在生法宮之處，三脈在臍下四指的地方相會。

現在我們先觀左右二脈，從鼻孔進入，至頂門（頂輪），沿著中脈的兩邊下來，相會的這個地方叫做「生法宮」。（所以紅教在這裡會觀想一個倒三角形的「生法宮」，但是此處我們不用這樣觀想。薩迦派的道果，則會觀想另一個種子字來生起火燄。）我們現在先用簡單的觀法，三脈相會在生法宮，這裡面的三脈也是由報身所顯現的。

「吉祥忿怒瑜伽母，三身三業伊鑁摩野，法身心輪是八葉」，這吉祥忿怒的瑜伽母——拙火，能轉化我們的三業來成證法、報、化三身。

頂輪是大樂輪，這是大樂身。第二個是喉輪，這是報身。第三個是心輪，是法身。再來是臍輪，是化身，所以「三身三業伊鑁摩野」，伊、鑁、摩、野，是四輪的四佛母的種子字，這個我們只要了解就好。

「法身心輪具八葉」，我們的心輪有八葉瓣，八個脈輪，現在先不用觀想這八個脈輪。

「臍輪化身六十四」，我們的臍輪，有六十四個輪脈。頂上的大樂輪有三十二個脈輪，喉輪則是十六個脈輪。

觀清淨脈道的觀法

大悲空智菩提心　氣入住融中脈中
法爾明點極明顯　圓滿明光慈悲潤
細如豌豆極智慧　白色微紅如琉璃
五色虹光五智顯　相揉清淨帝釋寶
母子心光圓菩提　心喉頂眉臍諸輪
一切輪脈遍明光　七萬二千細脈柔

「大悲空智菩提心，氣入住融中脈中」，剛剛修習清淨法爾的智氣，我們吸入了智氣，由於體悟空性的緣故，所以氣自然地融入了中脈中。

三脈觀想清楚之後，再來開始修習清淨脈道的修法。

「法爾明點極明顯，圓滿明光慈悲潤，細如豌豆極智慧，白色微紅如琉璃」。觀想一個法爾的明點在心間，很明顯、清晰；這明點具足滿明光，它具足圓滿相、具足明、具足光以及慈悲的溫潤等特質，它細小如豌豆一樣，而且具足智慧，顯現白色微帶著紅色的光明，白色微紅的光明如琉璃一樣的明透。

什麼是「法爾明點」？明點是明空之體，而白色微紅的明點是紅、白明點混合在一起的智、悲、光明；明點是明體縮小，小到你能使它最小的狀況，亮到你能使它最亮的狀況，到最後變成惟一明點，跟空性一樣，越小越亮；觀想法爾惟一明點在心輪，明點放出五色虹光，如彩虹般一般繞著一圈，色與色之間互相揉合交融。

「五色虹光五智顯」，這明點放射出五色的虹光，一般是藍色、白色、紅色、綠色、黃色這五色。這五色虹光一圈繞著一圈，就像把彩虹繞成一個圓一樣，色與色之間會有點揉和地交融在一起，而不是很明顯地分割開來。所以這是：「相揉清淨帝釋寶」，它的色彩是「相揉」，揉和在一起而暈開來的感覺。它如同是帝釋天的如意寶珠一般。

「母子心光圓菩提」，母光明加持子光明變成菩提之心。我們現在可以開始練習，觀想由自己的心輪開始，心輪的位置是在兩乳中間、在中空的脈道上面。在這心輪裡面這一顆像豌豆一樣、白色微紅的明點，像琉璃那麼溫潤，具足圓滿光明，具足透明的、慈悲溫潤的明點，開始放射出五色的虹光，把我們心輪中間的脈道清淨了。

然後五色光明來到喉輪，把喉輪中間中脈道清淨，接著到眉心輪，再來到頂輪，使整個脈道完全清淨。清淨之後，此明點的光明再從頂輪，再回到眉心輪、喉輪、心輪，再到臍輪，把整個身體下部的脈道，全部清淨了。

我們這樣觀想之後，口中的唾液應該會增加，再觀察我們的呼吸，應該會發現息道變長了。這裡會有一個特殊的現象產生，我們會發覺，呼吸會往身體裡面走，比較不會那麼粗糙地浮在外面。

我們修習此處時，可以感覺一下，心輪裡面是否有涼涼的或溫潤的感覺？這是紅白菩提增盛的現象，溫熱是紅菩提增盛，清涼是白菩提增盛。

這時，我們再觀想，一切輪脈都放出廣大的五色光明，七萬二千的細輪脈也放出光明，全身氣脈都是非常的柔軟、光明，甚至連指甲的脈都很光明，連我們的汗毛都是透明的，充滿光明，甚至連牙齒也是透明的光明。

你們照著這個方法修習，而我的習慣是惟一明點從心輪直接放光上到頂輪，再直接下來。

提到五輪清淨，現在則給大家建立一個無數輪脈的新觀念，一開始我們先在身體正中央建立一個觀想中脈，但將來你修習進步了，全部放鬆、全身放空之後，身體每個地方都是中脈，大而遍佈法界，小而退藏於密，到最後

練習清淨脈道

1.觀想法爾的明點在心輪，具足智慧、慈悲、光明、溫潤，如白色微紅的琉璃一般。

2.明點放出五色虹光，如彩虹般一圈繞著一圈，色與色間互相揉和地交融。

3.明點所放出五色的虹光清淨喉輪，接著到眉心輪，然後頂輪。

4.從頂輪到眉心輪、喉輪、臍輪，整個身體的脈道都清淨。

5.觀想一切輪脈都放出廣大光明，七萬二千的細輪脈都放出光明，全身很柔軟、光明。

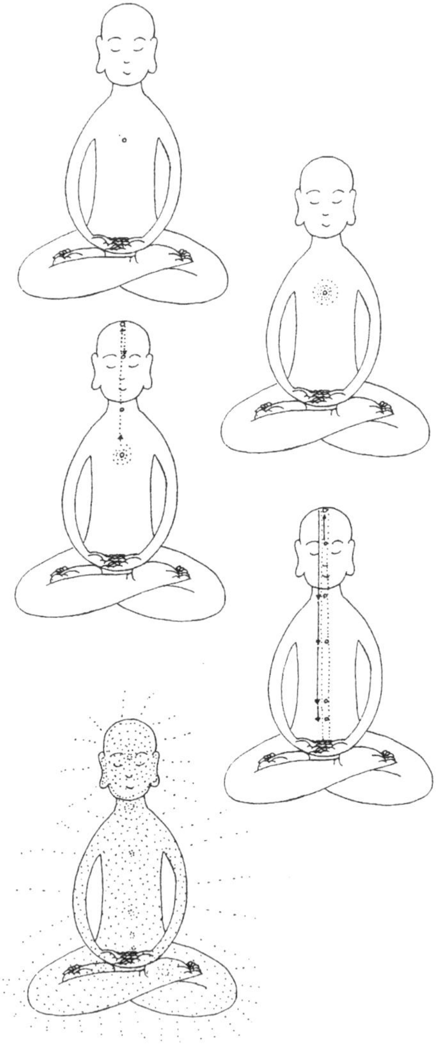

「一切輪脈遍明光，七萬二千細脈柔」，也就是全身每一個細胞，每一個器官，一切輪脈都放出廣大光明，七萬二千細脈輪都放出光明，每個細胞，每個器官，所有骨頭、骨髓、經絡等，一切都用法爾明點把它淨化了，全身變的很柔軟，很光明。

中脈呼吸法可以作為日常生活中，清除身內業劫氣及清淨脈道的方法，因為中脈呼吸法可以以九接佛風及觀想清淨脈輪的方式修習，所以是屬於升級版的拙火淨化方式，既方便又隨時隨地可以修持；因為不必坐著修，若是按照拙火瑜伽所講的次第修，那麼修到九接佛風及法爾明點清淨脈輪時，就轉成中脈呼吸方式練習亦可。

講到這裡，我們已作了兩件事，一是氣（身內業劫氣）清淨，一是脈（全身無數脈輪）清淨，而這清淨是透過空而清淨，空則依智慧與悲心而圓滿、引申。

這就回到了心、氣、脈、身、境的五大口訣，即心如、氣鬆、脈柔、身空、境圓滿，從虛幻到圓滿，此乃全部而整體的教授，所有拙火修持的總要訣都在這邊。

此總要訣亦可應用到拙火瑜伽以外的任何修持裡，過去你們已經有的習慣修法可以透過這個總持訣要，而取得昇華，將來碰到任何新的修法，甚至僅僅是在打坐，也可以藉由對這個總要訣的體悟而取得加持，打坐的效果也會提昇。

引生拙火

阿字不生普賢母　法界自在無生體
半阿臍下四指現　忿怒拙火自性顯
體性極光熾紅艷　飄如紅毫具熱燄
頂輪倒杭極明朗　法性方便普賢性
水晶生潤菩提點　降滴甘露住月宮

引入風息住雙脈　上養半阿增熾烈
或引下息上海底　喜引息風順左右
由底入中脈阿字　下閉二日氣上引
輕嘸甘露融二氣　阿字摩尼住寶瓶

三脈都觀想清楚，並且所有的脈道也都清淨之後，現在我們要來引生拙火。「阿字不生普賢母，法界自在無生體」，我們首先觀阿ཨ字，這阿字是本不生之意，普賢母是法界自在無生的體性。

「半阿臍下四指現」，在我們的臍下四指處即為海底輪，觀想一個半阿།字，取藏文阿字在右半邊那一條線，這是拙火的火燄相。

但是為什麼我在觀想時，卻寫成觀想「阿字不生」的半阿字，在海底輪（臍下四指處），由無生中出生忿怒拙火。觀想阿字本不生是一個練習讓心念空掉的方法，我們的心念空掉之後，這練習才會真的空，因為正確意念才能使我們的修習遠離障礙。

所以觀想阿字，就是觀想一切不生，不生是不生不滅，即是諸法的體性，意即這半阿拙火是空的，從如幻中觀起的空。

海底輪有人說是密輪，名稱不同沒關係，主要指臍下四指之處；如果不會觀想臍下四指處的半阿字，則想像一根細小針的針尖，就放在臍下四指的身體正中間，若是修紅教的人就加生法宮；不同的傳承對於同樣的修法裡有加上不同的變化，這是因為不同的傳承裡的祖師菩薩會再加上一些技巧讓你成就的更快，但不必執著，因為它是空的。就像我加了很多方法，結果將來很多人會說這個修法是我的傳承，而我不想什麼傳承，我只希望大家成佛而已。

「忿怒拙火自性顯」，半阿在臍下四指處由無生中出生拙火，忿怒拙火是由自性所顯現。

「體生極光熾紅艷，飄如紅毫具熱燄」，拙火的體性是極光明的，觀想這條線ｌ（半阿）像火光，艷紅的火光，像火紅色的針，然後它猝然生起火焰，這火焰開始飄動，它不是硬的，是柔軟的，像紅色的毫毛一樣，像散射的焰火一樣飄動，而且會聚熱，有熱力，引生拙火要觀想清楚。

在臍下四指的這個細小的針點，現在想像它由無生中出生忿怒拙火，因此這個拙火是空性的，但是我教過你們更快速生起拙火的方法是，這個針尖不斷的放入一個、二個、三個……乃至無數個太陽進去，其中針尖的尖端最為熾熱，熾熱猶如火山熔漿，源源不斷上湧；接著觀想這半阿字——極具光明，如火紅的極細毫毛，開始柔軟的飄動，猶如太陽表面的火焰飄動一般。

假若沒有辦法如此作觀，那也可以把修護摩火供時的火焰觀想移入海底輪處，觀想外火引入內火而燒。如果這樣還是沒辦法，看看現前有什麼東西可以引發你的覺受呢？眼前的電燈也可以，白天的太陽也可以，就把這些光明縮小，放在海底輪處；再不行就焚點一枝香也可以，但這些都只是方便的觀修，目的是讓你感受那熾燃的灼熱。

「頂輪倒杭極明朗」，在頂輪位置裡面這杭ཧཾ字是倒立，一般來講只是觀想頂輪的倒杭ཧཾ字海底輪的阿ཨ字，「頂輪倒杭明朗，法性方便普賢性」，阿字ཨ是代表普賢王佛母，杭字ཧཾ是代表佛父，這法性方便的普賢性，代表普賢王如來。

這兩者乃代表我們生命中的悲智力量，這悲智力量是空性的，在世間的顯現是陰陽的力量，但世間的陰陽力量不是空性的，所以忿怒母和大梵天（或者大自在天）是實有的，但若觀為空性便可不跟著天神界走；空性半阿字所代表的普賢王佛母，其體是智，顯現出來則為悲，倒杭字之普賢王如來，其體是悲，顯現出來是智慧；悲心引生悲火，悲火上燃，智慧力量下融入於半阿字，悲智力量就完全混合在一起；有的人搞不清楚，以為佛父是方便慈悲，佛母表智慧，應該是悲心去發動，怎麼是智慧去發動？這裡面的理由是：空愈大，悲心愈大，亦即智慧愈大，悲心也愈大，反之悲心愈大，智慧也要愈大。

「水晶生潤菩提點，降滴甘露住月宮」，頂輪杭ཧཾ字表月之自在，所以下面海底輪的阿字ཨ是日之首字。

「引入風息住雙脈」，我們現在開始安住毘盧遮那七支坐法，從鼻孔引入風息，由兩邊的左右脈下來，風安住於雙脈中。

「上養半阿增熾烈」，現在半阿字在海底輪，我們再將左右之風息吹進來到海底輪，息從下面宛若鼓風爐一般吹上來，使這半阿字的拙火焰，「咻！」地更熾烈地生起，這時身體暖熱相會增長，越增熾烈。

現在把息從鼻孔吸入，沿兩邊的左右脈下來，風息安住於雙脈之中，即「引入風息住雙脈」，接著息從左右脈吸進海底輪底的半阿字，息從下面宛若鼓風爐一般吹來，使半阿字的拙火焰「咻！」地熾烈生上來了，現在身體暖熱相會增長、熾烈起來。

現在再增加幾個方便幫助你們引生熾烈拙火，也就是息吸入時，可以把他轉成醍醐甘露（息是空性的，所以可以轉成醍醐甘露），再者也可以把息

練習引生拙火

1.觀想阿字本不生的半阿字，在海底輪（臍下四指處），由無生中出生忿怒拙火。

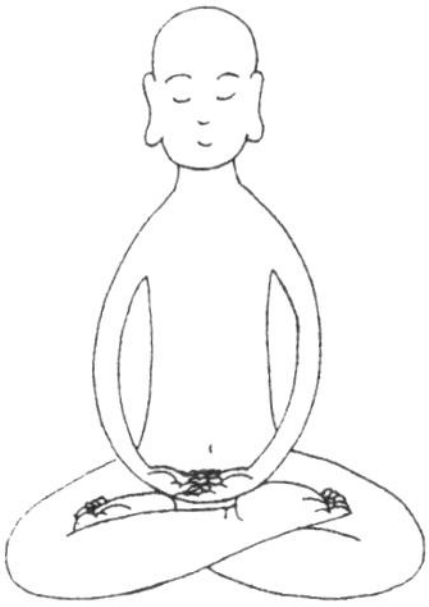

2.觀想這半阿極具光明，如火紅色的極細毫毛，開始柔軟的飄動。

3.觀想頂輪為倒杭字，代表普賢王佛，海底輪的阿字，代表普賢王佛母。

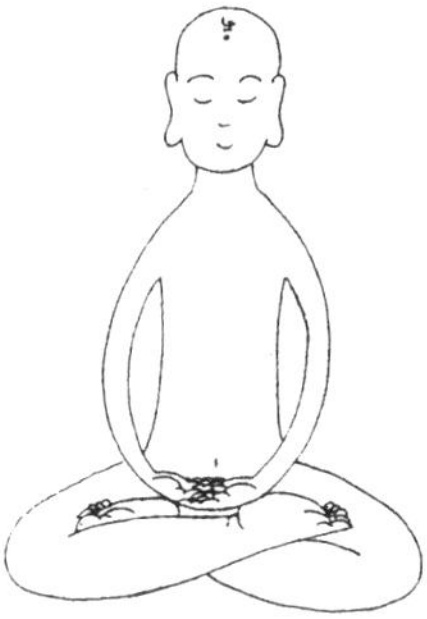

4.將息從下面吸進海底輪的半阿字，半阿字「咻！」火燄就上來了，身體暖熱增長、熾烈。

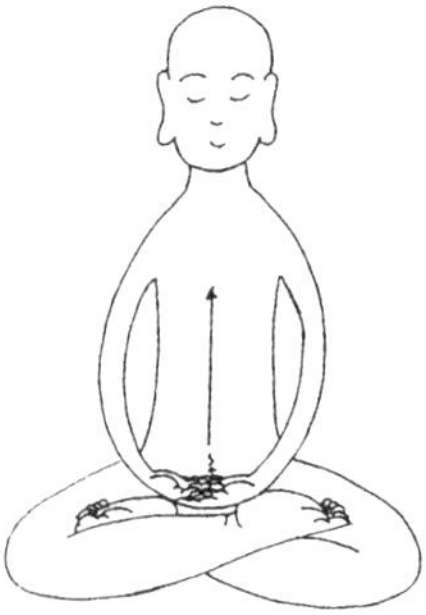

觀為大日如來的遍照光明，所以這個地方其實可以引生好幾種層次與修法。

引生拙火有很多種方便，當你真正引生內在（的）光明的時候，有時候你體內的光明比外在的光明還大。我們可以看看拙火瑜伽的圖來引生拙火，或是陽光、燈等，乃至於一切會障礙我們的東西，都可以引生拙火，只有我的腦筋才會障礙你引生拙火，所以我為什麼講那麼多東西，就是要打通你的腦筋，讓你腦筋裡執著清除，所以真正灌頂是什麼？只有開悟才是真正灌頂。

然後引生拙火的練習，再教授另外一個方便，現在先把灼烈的太陽縮小，從頂輪而入，降到眉心輪，到喉輪，再到心輪，下到臍輪，到達海底輪。

接著再用呼吸把太陽一個一個的吸進來，無數個太陽聚積在海底輪處，海底輪處有一個半阿字的細針，那無數個太陽就串積在半阿針尖上發光噴焰，極亮極赤熱，針尖上極細微的火焰毫毛，開始柔軟的飄動閃耀，而我們呼吸進來的氣息，就如同酥油，也似宇宙最精華的醍醐，就不斷的灌注在海底輪處的火焰爐上，一直往針尖的烈焰澆進去了，引起更蓬勃兇猛的烈焰，像火山一樣的不斷噴吐示威著，這時整個海底輪處開始滾燙起來，越來越暴熱。

熱流開始往中脈竄升起來，先上升到臍輪，再升到心輪，再一路竄燒擴升而上；海底輪烈焰灼燒上升的過程中，若覺得燒的不是很過癮、很暢快，那就表示該處的脈輪有所塞阻。

這時，我們就先放鬆，然後把尾閭骨放下來，再想像尾閭骨像普巴金剛杵一樣的插入地面，並且腰椎、胸椎、大椎骨、肩膀等全部放鬆放下，這時海底輪處的火勢就轉增猛烈了。我的教學方式通常是透過直接的練習，而把問題處理掉，如果在實際修習拙火的過程，有任何不舒服的覺受，那就先放鬆放下，然後再練習，不斷的放鬆放下，不斷的練習再練習。

在不斷的放鬆跟練習之中，或許有一天你會突然發現，怎麼吸那麼多氣？吸進的氣到那裡去了？以前怎麼沒有發現有一條管子在，那條管子在那裡？吸那麼多氣身體怎麼沒有膨脹？身體的脈輪開始打開了，但那是不是中脈？還不是。

現在大家身內的脈輪就像乾掉的蓮花梗一樣，裡面阻塞不通，既沒氣也沒明點，現在氣開始通進脈了，慢慢的，氣會引生明點，脈輪就像蓮花瓣一樣開始滋潤而展開綻放，所以氣、脈、明點這樣逐漸開展，而拙火修持就是把脈打開的最好方法，拙火也會把明點增盛，而寶瓶氣的修法是能將你（的）氣的力量增強；寶瓶氣拙火修持到最後會返老還童，男生會馬陰藏相。

寶瓶氣的修法

前面介紹的是由鼻孔引入風息，經由左、右脈至海底輪，來引生拙火，另外也可以利用以下的方法來引生拙火。

「或引下息上海底，喜引息風順左右，由底入中脈阿字，下閉二門氣上引」，或是我們引下息上到海底輪，這是一個最簡單的修法——「寶瓶氣」修法，先介紹其中較柔和的方法。

現在引下息要上到海底輪，若引下息上海底輪的時候，我們觀想海底輪底下（即丹田底下）的氣，稍微提上來（但不是提肛），提到這個阿字底下，但我們要知道這個氣不是由外吸進來的，而是本來已經在此處了，只要稍提一下氣，就叫做「或引下息上海底」。

如何提息不提肛呢？首先以毘盧遮那七支坐法調好坐姿，蒲團坐二分之一到三分之一，能坐雙盤最好，單盤其次，散盤亦可，散盤不行則坐椅子，椅子也不能坐，那就躺在床上練習。我相信躺在床上亦可成佛，我一向認為植物人也可以修行，植物人神識還在，只是身體沒有作用，你若能一天到晚教他，搞不好他就成就阿羅漢了。因為他六根都停止了，等於閉關一樣，所以說福禍難知呀！

以前我發生車禍時，心裡就這麼想著，如果我變成「時間簡史」的作者史蒂芬霍金的話，那也不錯，因為從此我不再需要到外面說法了，反而每一個人都要來聽我講法，那也很過癮嘛。

打坐時背直豎、肩要平、收下顎、舌抵上顎、眼開三分，但現在我要教你們的不是這種基礎的方式，而是直接提昇為最快速的引生拙火，這時你們屁股的坐姿就不能是W型，因為這種姿勢的胯骨會頂住下面的蒲團，所以坐不安穩，為了改進這問題，把W型進化成饅頭型，並且要讓脊柱能放鬆而自然的豎直，如何做到呢？

請大家把手放到身體兩邊的側面，身體前傾下壓，然後屁股提起來，屁股重新坐下，回復身形，並把尾閭骨像普巴金剛杵一樣的插入地面。當我們身體前傾時，胯骨會拉開，尾閭骨就張開了，重新坐下時，屁股就自然平貼了，尾閭骨插入地面時，背就自然直起來了，這是最重要的；然後兩隻手像飛翔大鵬金翅鳥一樣，肩膀放鬆的收回來，這時肩膀也會自然收平；尾閭骨往下掉時，脊椎其它部分自然跟著一節一節往下掉。這可以說是達到毘盧遮那七支坐法最好的方法了。

現在就可以馬上練習，先想像尾閭骨往下掉插入地面，接著腰椎、胸椎、頸椎等，也自然跟著一節一節往下掉，兩肩自然平齊出來，脊椎往下掉時，身體不要彎曲，脊椎自然直起來後，有時身體反而增高。

再來，收下顎時，不是用力量去縮入下顎，而是把大椎骨往下放，肩膀往下放，最主要是左右兩片肩胛骨也要往下掉，此時背就平了，下顎自然就收回來。

最後是眼開三分，下眼瞼不動，上眼瞼放下來，視線放在身體前面一、二尺處，不必低頭，自然下垂，但注意，不要盯著地面看，盯久了會有類似暈船的感覺，所以應該視而不見，然後舌抵上顎。

將來有一天，拙火修的好了，或像道家練氣，練到上衝十二重樓時，舌頭自然會翻上去，但道家的舌頭翻法會比較外面，而拙火修法氣走中脈，舌頭是「啪」一聲整個黏上去，氣就接上去了，是很自然而不必用力，一打坐時，氣就接上了；清淨脈道，引生拙火等，都是依這個坐法，身心放鬆之下去作。

很多修道家練氣或練武術的，或是傳統修拙火及密教修氣的，基本上都會用提肛方式，但我不喜歡提肛，不過你們要提肛我也不反對，我認為不提肛寶瓶氣生起更快，我的教法裡一切動作都是在身心放鬆的條件下自然練習。但是用這方法做，還是會提肛的，只要依前面所教的坐姿，身心放鬆的安然坐著，姿勢正確了會陰部位會自然呼吸起來，這就比提肛還厲害了，因為它會自己呼吸運動！這樣的話，中脈就可以延伸到這裡，但真正的中脈可以到地底，到無窮的遠處，所以像我平常睡覺時可以用兩個地方呼吸，有時是用左腳的姆指或食指呼吸，有時是兩腳輪流呼吸。

頂上呼吸是另一種修法，但平常練習不要把氣往上頂，因為有些人這樣練習到最後會變的面紅耳赤，卻以為是氣練的真好，而其實那是高血壓，不是氣練的好，所以平常不要把氣往上提，除非是特別修鍊的時候，但也要修一陣子之後放下來。

所以平常我們走路的時候，可以將心念放在腳底，或是走路的時候就用腳底呼吸，但是先要把中脈呼吸練好才能應用。

大家是否發現到，我在教學的時候，不論是與我初見面或跟隨我學習很久的人，我的教授的都是一樣，為什麼會如此呢？因為大家都是佛陀，我的方法都是從佛法中體悟而來，所以我只是把你們的方法交還給你們而已。這些都是你們的方法，不是我的；如果要講的比較有傳承一點，就是如來交待我要教給你們的方法，這樣聽起來好像有一點宗教、微妙的感覺，但是有時候我講這種狀況的時候，我有時候會想笑，但是聽說要莊嚴一點人家才會相信，只是莊嚴剛好不是我的強項，方法都是一樣的，你會了就成佛，不管黑佛或白佛，能成佛的就是好佛，黑佛是誰？不空成就佛就是黑色的，白佛是誰？阿閦佛是白色的（但有時候講毘盧遮那佛是白色的），但無論如何，成佛就是佛陀了。

「喜引息風順左右」，將息提上來海底輪的時候，在下半身的兩孔、就是我們的大、小便道，會有輕輕的收縮，彼處會感到溫潤。上面息風順左右兩脈下來，從底下進入中脈阿字。這時候上下氣就把阿字包住了，就像一個寶瓶一樣。

所以「下閉二門」可使氣往上把阿字包得更緊一點。這時候，下面的氣上來，上面的氣下去，上下二氣把半阿字包住，很清楚的觀想阿字在那裡。

此時如果口中有唾液產生，輕輕地吞下去，不要出聲，所以「輕嚥甘露融二氣」，輕輕地吞下唾液之後，這二氣就融合在一起了，暖熱會因此增長。「阿字摩尼住寶瓶」這阿字摩尼就像住在寶瓶一樣，這就是寶瓶氣。

修寶瓶氣時不要用外力去提，現在就試練一下，身體完全放鬆，然後下面吸氣，提一點上來，可能會拉到一點肌肉的力量，但我不希望你們用力，而是用最鬆的心去拉氣，再去拉脈，再去拉身，也就是從裡面拉出來，而不

練習寶瓶氣

1.觀想海底輪底下的氣，把息稍微提上來，提到阿字底下。

2.觀想息風順左右二脈下來，從底下進入中脈阿字。

3.此時上下氣就把阿字包住，如寶瓶一樣。很清楚觀想阿字在裡面。

4.若有唾液，輕輕嚥下不要出聲，此時二氣就融合在一起，暖熱會因此增長。

5.輕輕吞下唾液後，自然安住而心不起分別。

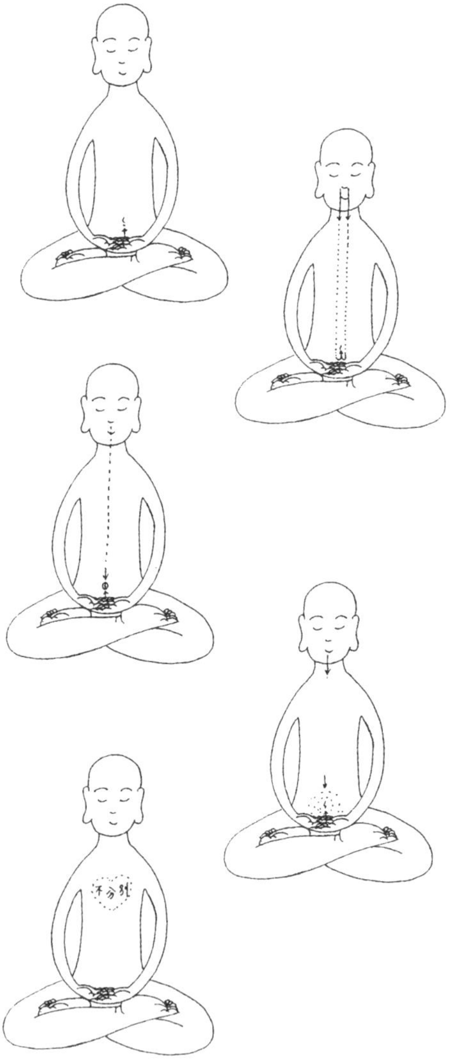

是從外拉進去，用這個方法，到時候你就知道這個多厲害了，因為這個體悟之後，你們就會拿東西了。

像我拿東西其實是手黏住東西，為什麼會這樣？因為我手在這邊，但氣卻在手的前方，而你們手雖然也在這邊，但你們認為手是你們的，我認為手不是我的，所以我的手就沒有受到限制，氣就到手的前方，而我的心在無量的宇宙；反過來，因為你們認為手是你們的，所以你們的心是小心肝，氣在手內，所以氣比手短；因為手執著有、無雙邊的緣故，所以手拿東西的方法也就不同。

二〇〇五年我去美國時，有一位華盛頓大學航空系的教授，他推我的手之後說，好像推到充氣的塑膠袋一樣，但二〇〇六年我去大陸時，有一位叫福岡的日本老先生，他推了我的手之後，他用了一個更新的名詞來形容他的感覺，他說好像推到空氣一樣。為什麼說是推到空氣？因為我沒有認為手是我的。

佛菩薩的手能折掌，因為氣都通了，你們平常若能把手想成是在前方一段距離之處，過一段時間你會發現手變的鬆很多；我講這些好像沒有在講什麼特別的話，但這就好像是金庸小說裡，那個金毛獅王把所有武功的口訣都教給張無忌一樣，當有一天你明白之後，自能體悟其中的訣要，知道運用之妙了。

中脈是空的脈，目前不是你們生理上的脈，將來會成為你們生理上的脈，因此你現在所假觀而生的中脈，跟你的生理脈之間，兩者是有差距的。真正的中脈是空的，而假觀的中脈是介於空脈與生理脈之間的觀想脈，但觀想脈會跟你所觀想的境界產生關係。

觀想的境界裡有止有觀，「觀」正確的觀念最重要，止觀雙運到最後與三摩地相應時，這觀想脈雖然還不是空脈，但長時修習，或長或短，終有一天，生理脈與空脈之間會忽然滙在一起，但滙連一起有時並不是整條連成一體，而是其中一個地方先連在一起，譬如我們呼吸時會感覺到，除了外在呼吸之外，心輪處也在呼吸，本來是兩個獨立的呼吸體系，但這時卻可連在一起，頓時你會覺的異常舒服；生理脈與中脈連成一體的狀況，每個人不一樣，像佛陀是一次全部完成。

當我們修到初禪的境界時，會修到與宇宙一起呼吸，此時的呼吸系統就跟現在也不一樣。

當我們還是嬰兒時期，我們是以腹部呼吸，但隨著歲月增長，緊張壓力亦隨而滋生，肩膀就慢慢抬起來了，肩膀一抬，肋骨就上拉，呼吸也隨之往上拉，就變成肺部呼吸了，呼吸腔變窄變小，換氣量減少，呼吸變淺，越緊張，呼吸越淺，結果是呼吸越走外部，遠離中脈。

但我們現在透過拙火修習，把呼吸往中脈靠近，但目前你以為的中脈呼吸是在中間，不過還不是正中間，因為到時候還有更中間的。

當你在拙火中脈呼吸的練習過程，修學到了某一個程度時，生理脈和中間脈開始發生連結的時候，你會發現呼吸變的很舒服，而且吸氣時，好像吸到裡面去了，或者吸氣變得吸的很長而久，在這種中脈呼吸要開始啓動的狀況裡，脊椎骨會拉長，大椎骨也會變平，有一次我跟一位老師出去玩，兩人同舖，我跟那位老師說跟我睡在一起很危險，他說：「唉！不會啦！」結果睡到半夜他跑了出去說：「哇！跟他睡很麻煩，半夜聽到骨頭霹靂啪啦作響，呼吸『咻！』好像沖天炮一樣長！」因為那時候剛好是身體轉變的時期。

很多人認為督脈打通是熱氣通過去，其實督脈打通是整個骨頭都會轉變，但我這個改變不止是督脈通的現象而已，而是屬於佛法的輪脈，第一關叫尾閭關，尾閭骨變平了；第二關叫夾脊關，夾脊會進來並變平，而最重要是到最後大椎骨會變平；然後玉枕關，也就是頸椎突出的部份會收到裡面而變平，這三關的改變都跟中脈呼吸有關。

寶瓶氣修習要先在臍下四指的地方觀一個短阿字，但是否一定要從這個臍下四指的地方開始修拙火？也不一定，因為有人是從臍輪或其它地方起修，但從臍下四指的地方開始是很恰當的起點；如前所說，中脈，目前對我們來說是我們身體上所能找到（的）一個緣起上（的）宇宙正中的起始位置，但當你從這邊修習理解之後，你會發覺到中脈其實是無所不在的。

而如何才能證得中脈？藉由中脈呼吸便能證得中脈！如同一位日本朋友福岡先生所說的，當他推我的手時，他說他感覺到好像在推空氣一樣，因為推起來似有若無，為什麼是這樣子呢？那是因為我內在已經不再去抓它；相反的，你們大家內在都有一個深層的恐懼，這個深層的恐懼使得你感覺，你若不抓緊它，它便不是你的，但它本來就不是你的，只是它雖然不是你的，卻也不會因此而使得你不能運作它。

另一方面來講，即使它是你的，你還是沒辦法運作它，反而當你不再執著它的時候，你可以運用的更自如，這聽起來很吊詭，卻是事實；所以當我們心裡面有一種最深層的恐懼，我怕失去它，我要控制它的時候，那麼往往是我們在耗損它的能量。

譬如我們生病的時候，身體本身就具有復原的能力，但是因為我們很怕，反而從內在干擾了自癒的過程，使它恢復的慢一點；很怕，所以使我們在背後悄悄的抓緊了身體，而這很怕的心理是從根本無明所產生的；佛法講「我執」，我執是什麼？我執是永遠鮮活的活在你的眼前，活在你的現在。

佛學概論上的各種觀點，乃至於你讀了一大堆的經典，你能看得通它嗎？因為這本經典必然只有在自己身上才找得到。

當我們學會落胯、尾閭骨整個放鬆放下之後，就直接從內把氣自然提起來，甚至將來如果練習熟練的話，你可以直接整個大地吸氣提上來，不是從外面提，而是從裡面提，鬆本來是外面鬆，現在是從裡面鬆，裡面從中脈下來一個一個鬆開，從裡面鬆到海底輪，然後從裡面把氣提起來，提到阿字底下，然後觀想風息從左右脈下來，從底面開口進入中脈阿字，此時上下氣就把阿字包住，如寶瓶一樣，很清楚觀想阿字在寶瓶裡面，這時阿字烈焰就好像放在純氧爐裡面，火勢暴烈赤熱，兇猛而明亮。

此時若有唾液，輕輕嚥下不要出聲，吞唾液時要從中脈吞下，此時上下二氣就融合在一起，此時會有住氣狀況，自然安住，心不起分別，但這是一般的方式，我不希望用猛烈的方式，我是用自然的方式，就是譬如喝一口茶水從中脈進去，就自然住氣，這時身體就若有若無的，感覺好像浮在空中一樣。

平常喝水也可以觀修寶瓶氣，即身內中脈以下一輪節全部放鬆，從海底輪下，從內提地氣上至半阿字底下，息由左右脈下至海底輪半阿字左右兩側，上下氣將半阿字包住成寶瓶狀，然後喝水沿中脈澆灌而下，拙火即猛烈燃燒起來，本來要特別時間修習的寶瓶氣，現在日常生活中也可以訓練了。

拙火熾熱

法爾住息極暖樂　自然出息融氣珠
鼻柔輕現呼藍空　大悲心住短阿空
智火熾盛上尖銳　直明紅空若細針
宛若紡錘速轉動　隨息增長順中脈
心輪倒吽喉輪嗡　勝熱欲融次十息
神牛降乳生初喜　勝喜離喜俱生喜
拙火熾然空大空　圓滿勝空最勝空

「法爾住息極暖樂」，現在我們的心很自然地完全沒有分別，心不起任何分別就能自然住息。接著，把唾液輕輕地嚥下去，心就輕鬆地就安住著，很自然地安住而極為暖樂。

「自然出息融氣珠」，此時能閉氣多久就閉氣多久，自然的，不要勉強，如果沒有辦法再閉，要出息的時候，注意要用鼻子出息，不可從口。自然想要出息的時候，先把上下氣（這氣可以觀想成強烈的太陽光，陽光並且化成醍醐而助燃）融入這短阿字，這時候火燄又會更熾然，然後出息。

「鼻柔輕現呼藍空」，此時出息時由鼻子吐出藍色的晴空之氣，整個藍色的氣，吐出整個遍法界的氣，而你的大悲心要住在這空性的短阿當中。我們不斷這樣修鍊拙火，一次、二次、三次……九次、十次，這智火越來越熾烈了，我們現在每呼吸一次，智火就更增熾一分。

長時間練習的話，吐氣時身體會覺的空空的，而且呼吸會自然變的在比較裡面的地方進行，這代表你的拙火修習進步了，代表你二六時中隨時隨地，你走路的時候，呼吸就比較裡面了，代表你修法的時候、你持誦的時候，呼吸在裡面，也代表你禪坐的時候，呼吸在比較裡面，代表你已經跳到下一步了，這樣禪定自然會增長，代表你心已經比較不會執著了，看事情也看的比較清楚，所以事業也會做的更成功，代表你住生的時候，你走的路不一樣！這些方法會了，將來你們就不用依靠上師，因為方法已經在你們自己身上了。

鼻子吐出藍色晴空之氣，大悲心住在空性的短阿字之中，如此不斷修鍊，每呼吸一次，智火就更增熾一次，阿字是空性，為什麼大悲心住在空性短阿之中？因為為了眾生的緣故，悲心能使空性具足。

所以「中脈呼吸法」中講：「隨時安住在中脈呼吸，是對眾生極大的利益，在中脈中呼吸無上的正覺智慧氣息，則是對眾生最大的利益」，從外相來看，能安住在中脈呼吸時，比較不會生氣，對別人也比較有耐心，作事情也比較有効率，會工作的更好，對別人的服務會更好，教導孩子也會更妥切，這不就是利益嗎！而且你觀想中脈呼吸所吐出來的是智慧的氣息，所以你所提供出來的不是污染的，而是清淨光明的氣息，因此，安住悲心，使空性圓滿。

「直明紅空若細針」，這短阿又直、又光明、又細、又紅、又空，像針一樣尖銳。「宛若紡錘速轉動」，這短阿就像紡錘一樣，不斷的轉動，就像我們看到火燄不斷飄動、飄動，這樣轉動旋流起來，這智光是活的，是法爾出生的。

「隨息增長順中脈」，智光隨入息增長，順著中空的中脈，智火一次比一次更為熾盛，不斷地增長，這是因為我們生前已經把中脈清淨。

「心輪倒吽喉輪嗡」，這時候在我們的心輪、喉輪可以不用觀想種子字，讓明點自然融化；但也可以觀想心輪有一個倒立的吽ཧཱུྃ字，喉輪是正立的嗡ཨོཾ字。

每一個脈輪都有脈結，而脈結就像木材一樣，脈結雖然堵在那邊，但都像助燃的酥油或醍醐一樣，只是未融化的明點，暫時堵在那邊，但是一但融化下來就成助燃油膏而興大火，所以煩惱是最好的助燃劑，煩惱是生起智慧最好的助燃劑，煩惱越多的人，將來智慧成就越大，因此菩薩不怕煩惱多，菩薩只怕沒有智慧，所以對眾生的種種煩惱，剛好能夠變成對眾生的智慧；此時在心輪觀想倒「吽」字，喉輪觀想「嗡」字，也可以不用觀想種子字，而是觀想成明點酥油自然融化欲滴。

「勝熱欲融次十息」，藉著吸入十次的息，將智火增盛至臍輪（此時會感到消化好一點），再入息十次將智火增盛至心輪（此時會有心情愉快的感覺），再依次入息十次，而將智火漸序增盛到喉輪、眉心輪、頂輪等位置；若是從臍輪起修四輪的人，那麼第一次入息十次時，就將智火增盛至心輪了，只修四輪的人，總共入息四個十次就將智火增盛至頂輪了；四輪各有種子字，由下而下，臍輪是半阿字（ཨ），心輪是觀倒吽字（ཧཱུྃ），喉輪是觀嗡字（ཨོཾ），頂輪觀倒杭字（ཧཾ），這四字是藏文字。

練習明點感覺快要融化了，藉吸入十次的息，將智火增勝提至心輪，十次提到喉輪，十次提到頂輪，但是到達頂輪的倒杭字下面，不要直接融化掉，而是像個油塊放在熱火的旁邊，還沒有直接碰到火而溫度開始升高，將融未融而快要融化的那種感覺，這時候叫做「神牛降乳」。

其實這個法門是也有相似修法，在《雜阿含經》裏面的酥油灌頂，我們自觀想頭部裏面有酥油融化灌頂，能增長身心氣力。

「神牛降乳」（就像似蠟燭快要融化滴油的那種感覺），細絲般沿著中脈，往下流到喉、心、臍輪，這時這裡面就有二種東西，亦即一開始時是氣體，現在是液體流動了，這種情形，若是以道家的名詞來講，就是「玉液還丹」乃至「金液還丹」，兩者很類似，但不一樣，不過卻代表從氣化到液化，也代表身體改變是從輕到重，亦即代表從原本地↓水↓火↓風，轉為風↓火↓水↓地，人體修鍊時所產生的轉變，基本現象是一樣，但最後的解脫與否卻不一樣，因為具足正見與否，會導致不同的結果。

基本上，都是地、水、火、風、空的修習與轉變，但氣走的脈道不同，解脫走的是中脈——是如幻空性，道家修氣的見地與目標是天人合一，雖然在開始的轉變上有一些共同的經驗，但結果卻大大不同。

修到「玉液還丹」的階段，頂部會有水在水管內走的聲音，我們修行從欲界到初禪的階段，欲界是坎離（坎中虛，離中滿）交媾，男中是陰，女中是陽，所以欲界有男女要互補，但到了色界初禪以上，乾坤復其本位，所以此時男不是男，女不是女，亦即初禪時是純陽或元陰身，到這時會產生胎息，身心統一，所以《金光明經》裡講的「地水二蛇，其性沉下，風火二蛇，性輕上升」，乃是身心轉變過程的事實描述。

初禪時乾坤復其本位，此時男不是男，女不是女，而是中性的。乾坤復其本位時會有「夜半忽然一聲雷」的現象，因為此時身上的細胞跳回乾坤本位，就好像正負兩極的電碰在一起會產生火花的現象一樣，但這閃電打雷的現象只有自己才看的到，身心轉變的經驗跟自然界的現象是同樣的道理；而道家講「陽神」的道理亦在此，但現在道家出陽神的人太少了，大部份是出陰神，陰神就是羅桑倫巴書裡所講的星光身，是欲界身。

將來如果真的修到了「神牛降乳」的情況，也就是頂輪倒杭字的明點呈液態般往下流到喉、心、臍輪時，這時候會產生大樂的境界現前，亦即當頂輪上的白菩提融化注入短阿字時，拙火會愈來愈熾熱，身體會產生不可思議的大樂，但這時要放下，不能執著，若執著的話，就變成天人，但樂若能空的話，空樂就不會著魔；一般來講，空愈大，力愈大，但同時也要認清一個事實，空愈大，樂愈大，若你空不夠大，那就沒辦法那麼樂，因為沒辦法容納。

若執著樂就變成樂境，但樂而不執著且能空的話，自然能成空樂三昧，也就是空愈大，樂愈大，樂愈大，空愈大，這時候你對世間的一切，心中了然了知，完全不動搖，對實相完全清清楚楚，毫不動搖，當然也會有很多奇特的經驗，有時候也會有神通現前，但神通示現與否則是看因緣。

從拙火的生起、熾盛，明點因而融化沿中脈流動，這時我們若修習如法，會生起初喜、勝喜、離喜、俱生喜，生起四種廣大的喜樂。

「勝喜離喜俱生喜，拙火熾然空大空，圓滿勝空最勝空，拙火熾然空大空」，這拙火不斷地熾然所產生的四喜要與四空相應，這四種空性是：空、大空、勝空、最勝空。空喜要相應，如果執著於在喜樂裏面，反而會對修持有所障礙。

拙火上炎與明點滴下

如針空焰自增長　勝熱至烈中道行
心輪喉輪正欲融　輕觸頂輪杭。ཧ字底
月空明點菩提液　淨白甘露如酥融
漸次周潤頂心臍　如蜜相續細傾注
融入短阿拙火熾　大樂遍身諸輪脈

「如針空焰自增長，勝熱至烈中道行」，這拙火如針般明空熾焰，越來越增長了，這至熱極型的智焰順著這這中脈而行，使心輪、喉輪的明點開始要融化了，再漸漸往上增盛，輕觸到頂輪的杭字。「月空明點菩提液」，這個杭字也叫做月空明點、月密明點、菩提心液、「淨白甘露如酥融」，淨白菩提心液的甘露，像酥油融化一般。

「漸次周潤頂心臍」，這頂輪倒杭字像酥油融化般，現在漸次周潤，從這頂上脈輪，如細般流注到喉輪、心輪、臍輪。那感覺就像我們拿一罐蜜，在瓶身打一個洞，蜜由洞緩緩流下來。請注意，這不是像水一樣嘩然地沖下來，而是像蜜一樣細緩地傾注下來，酥油融化也是有點這種感覺。如果是像水一樣沖下來，就把火澆熄了。這時身心會產生很大的喜樂，所以說「如蜜相續細傾注」。

「融入短阿拙火熾」，白菩提融入短阿字，拙火越來越熾熱了，這時候整個身體會十分喜樂——「大樂遍身諸輪脈」。當我們修持到這個程度時候，會發現一個現象：身體諸根開始會有明點越來越充滿的感覺，全身的皮膚開始會慢慢地轉變，富生機、柔軟、飽足。甚至有時會有如同舍利外現一般，有金色的光明。

為什麼說佛身是「紫金身」？這不是出於尊敬的想像，而是真實的顯現，佛身遍身現起一點一點金色的明點，在陽光一照之下，身體金光點點晃耀生輝。

如果我們精進修持，修持到這個程度，身體的明點增盛，也會有類似這種的現象產生。到時候會發覺連指甲也發光發亮，連汗毛也會亮亮的，這是修習拙火時，在身相上明點具足的現象。

而在相上有凹陷的地方，也會慢慢自然飽滿。而當我們拙火修持成就，這時身體會開始慢慢回復為童身。這時會如嬰兒一般自舉，無慾自舉。女性則會自然而然的恢復比較像少女的身體，自然而然變成童男童女，所有身體諸穴凹下去、不平滿的地方，慢慢會變平，變柔軟。這和肥胖不同，有修經驗的人一看就知道這是氣機飽滿或是虛胖，虛胖的身體充滿了油脂，這和身體氣機充滿是完全不一樣的。

滴燃特盛

拙火性空如電光　雷閃熾熱極猛利
如實中脈次第升　眉間白毫智火光
三界有情十方界　現前無別具成佛
融入諸佛左鼻道　具藍明光入佛心
不壞明空月明點　智慧方便大樂性
諸佛圓滿勝加持　佛月明點母赤白
空樂明點極和合　赤白俱顯俱生樂
自入白毫融頂輪　空行勇父密和合
大智大力勝持明　明空不二大樂王
短阿續生會頂杭　紅白明點順中流

喉輪嗡字眾生佛　心輪吽字全法身
回融阿字大幻化　妙身具力證金剛

「拙火性空如電光，雷閃熾熱極猛利」，空性的智火明亮威力如電光一般，又像雷閃一樣極為熾熱猛利。現在這火燄像雷射光焰一樣，變成實體的。

將來如果我們有另外的修持，這即是修持金剛鍊光的基礎。因為法性光明與這拙火是不一樣，法性光是變成一片的光明，而金剛鍊光是從法性光裏面再淬煉出的色空之暈，所以變成一顆一顆，從光明中再現起的光明，就像光與霓虹的不同，霓虹光是光暈再提昇凝鍊出來的，所以金剛鍊出指這樣的意思。

現在拙火的焰光現起了，像電光、雷射的光一樣熾熱，而且越來越猛利了，就像整個燒紅的鐵絲一樣，但這還是空，像暈開的虹絲一樣，嘶——整個上去了。

「如實中脈次第升」，從臍輪、心輪、喉輪、頂輪到眉間白毫，整個這樣燃燒上去。我們在此依這些次第來修習，有時不知不覺會有一些境界覺受產生，在此，非常重要的一點是，如果我們有任何的境界和覺受的時候，不要講出來，也不要去管它們。因為這些現象都是我們在修持拙火瑜伽的過程中，由於心力的集中和些許的功德，所引生的一些如幻的境界，若是去執著它，反而被境界所提取，不得自在，障礙我們的修行。這一點是在修持拙火瑜伽時，所要特別留意的。

佛陀的眉間白毫相

「眉間白毫智火光」，白毫相其實是一根毛，佛陀的眉間是白毫，而不是一般所見凹下去的凸點。此時「眉間白毫」就是智慧火光，很猛利，當這雙運的光明現起的時候，這光明會遍照三界有情十方世界。

「現前無別具成佛」，這光明無礙地遍照十方世界，使一切眾生都圓滿成佛，十方法界乃至地獄道眾生都現前圓滿成佛圓滿。這是因為我們智慧很堅固，無生智慧堅固，所以能利益一切眾生成佛。

「融入諸佛左鼻道，見藍明光入佛心」，現在這一切眾生都成佛了，而原來法爾的佛陀也早已成就，他們是本來成佛。而釋迦牟尼佛、不動佛等等過去諸佛當然是成佛了。我們觀想這些現具成佛的眾生，融入諸佛的左鼻道，吸入左鼻道中，而這是示現為藍色的明光，接著再進入佛的心裏面，與佛相應不二。這是屬於大悲的作用，可以幫助眾生成就。

俱生大樂明點

「不壞明空月明點，智慧方便大樂性，諸佛圓滿勝加持」，這藍色光明進入之後，諸佛自身的紅明點、白明點自相融合，產生大樂，有時可以觀成

練習拙火熾熱

1. 續上步驟，自然想出息時，先把上下氣融入半阿字，此時火焰更熾然。

2. 出息時由鼻子吐出藍色青空之氣。

3. 大悲心住在空性的短阿之中，如此不斷修鍊，每呼吸一次，智火就更增熾一次。

4. 這明空、赤紅如針一樣尖細的短阿，像紡椎一樣的動，智火就不斷的轉動漩流起來。

5. 智火隨著入息增長，順著中空的中脈不斷地增長。

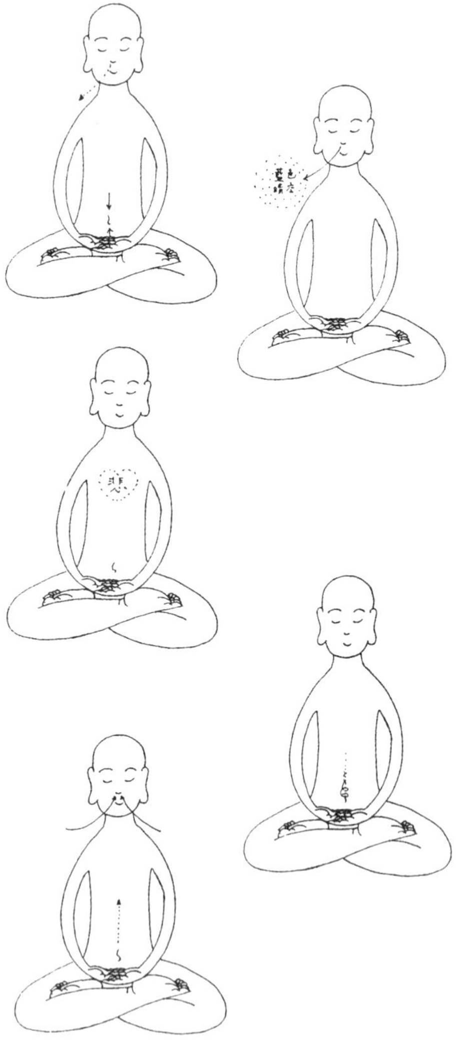

練習拙火熾熱

6. 此時在心輪、喉輪可不觀想種子字，讓明點自然融化，或在心輪觀想倒吽字，喉輪嗡字。

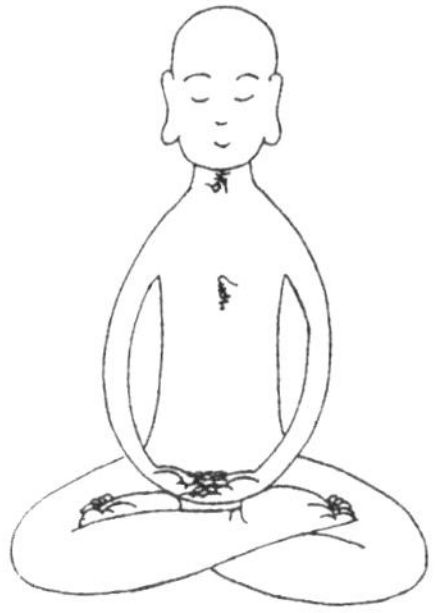

7. 此時，藉著吸入十次的息，將智火增盛提至心輪，十次提到喉輪。

8. 入息十次提到頂輪，到達頂輪的倒杭字下，不要直接融化，是將融未融的感覺，如神牛降乳。

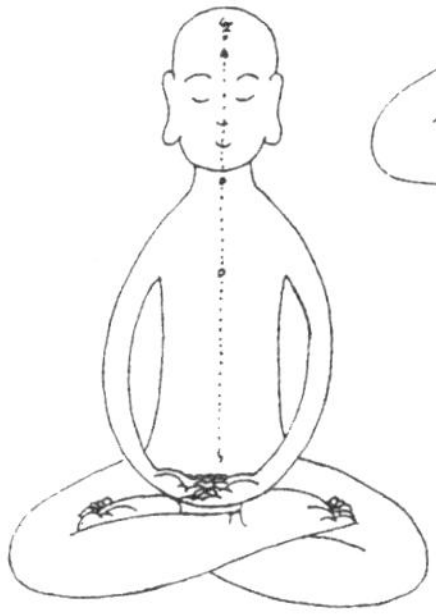

9. 頂輪倒杭字像酥油融化般，細絲般流到喉、心、臍輪，此時會產生很大的快樂，請不要執著。

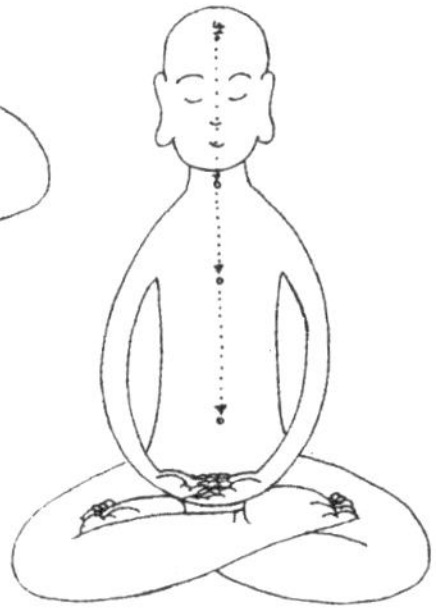

10. 白菩提融入短阿字，拙火越來越熾熱，此時身體會十分舒服，請不要執著。

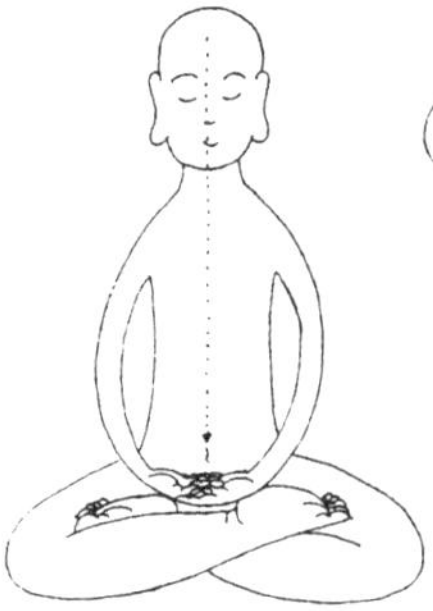

練習拙火熾熱

11.拙火的焰光如電光般，從海底輪「嘶——」燒上，經過臍輪、心輪、喉輪、頂輪到眉間白毫。

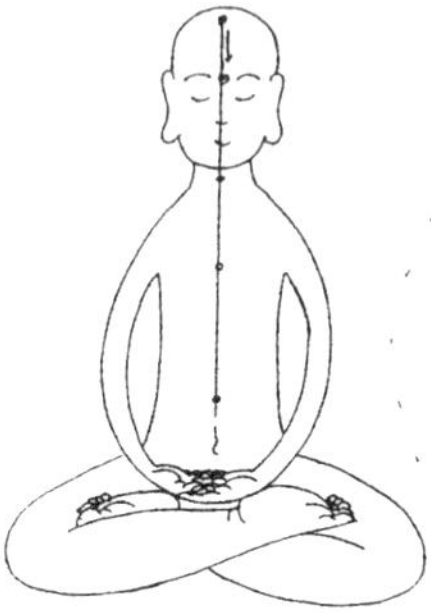

12.此時眉間白毫的智慧光明現起，遍照三界有情十方法界，一切眾生都圓滿成佛。

13.現在一切眾生成佛，而法爾的佛陀也在那裡，觀想成佛的眾生化為藍色的光明融入諸佛的左鼻道，再進入佛的心中，與佛相應不二。

14.藍色光明進入之後，諸佛自身紅、白明點自相融合，產生大樂，可觀成雙運佛身。

15.觀想現在整個法界都是紅白和合的俱生大樂明點。

練習拙火熾熱

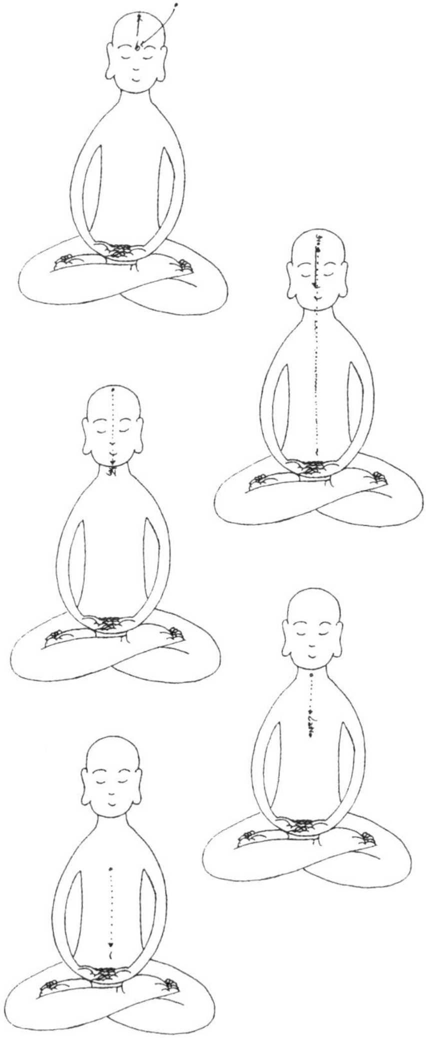

16.觀想這個明點從眉間白毫進入到頂輪，在頂輪融化，與頂輪的忿怒本尊空行勇父完全密相和合。

17.現在短阿又開始生起，上升會於頂上倒杭字，這紅白明點順著中脈往下流。

18.紅白明點融到喉輪的嗡字。

19.紅白明點融到心輪的吽字，圓滿法身。

20.紅白明點回融到短阿字，寂然安住於定中。

雙運的佛身，有時候自身大樂，圓滿報身佛的大樂出現了，這是諸佛圓滿勝力加持的緣故。

「佛月明點母赤白，空樂明點極和合」，頂輪屬於月、屬於方便的明點，是白色；而海底輪是赤色的明點。這父明點與母明點，亦即方便明點和智慧明點相合，白明點、紅明點變成紅白相間，就像白色微紅如琉璃的明點一樣，現在整個法界都是這個明點，這是赤白俱顯俱生的，這是俱生大樂的明點。

「自入白毫融頂輪」，現在這個明點經過諸佛加持，從眉間白毫進來，再進到我們的頂輪，然後在頂輪融化，與我們頂輪的忿怒本尊空行勇父，完全密相和合，這是具足大智慧、大力量的殊勝持明者。

「明空不二大樂王，短阿續生會頂杭，紅白明點順中流」，經由前面的修持，我們頂上的白明點已經融會了佛智的明點，十方諸佛一切明點都融入這裏，現在短阿又開始生起，上升會於頂上倒杭字。這紅白明點順著中脈往下流，現在這頂上的空行勇父都圓滿成就。

「喉輪嗡字眾生佛」，融下到喉輪的時候，會產生大樂，此時嗡字——眾生是本然的佛陀就現起來了。再下融到心輪，以吽字圓滿法身，到回融到阿字。這是幻化身成就了，所以這時我們能以「妙身具力證金剛」，寂然安住成就。

一切眾生皆普成如來之後，法爾的佛陀也在那裡，觀想成佛的眾生化為藍色的光明，融入諸佛的左鼻道，再進入佛的心中，與佛相應不二，大家都成了法身佛。

藍色光明進入佛心之後，諸佛自身紅、白明點自相融合，產生大樂，亦可觀成雙運身，佛父是以自心為主的智慧跟悲心，佛母是這個六大法界，意即這個法界六大跟我們自體乃相應不二，就如空海大師所講的「六大常瑜伽」，自身識大與法界五大兩者乃完全相會而無主空性，所以智慧跟法界，智慧跟悲心，完全相融，依不同的經教而賦予不同的說法，但講的都是同樣的東西。

禪宗的說法呢？「水清徹底兮，魚行遲遲；空闊莫涯兮，鳥飛杳杳」，這是性在作用，法界流行，但一個從自心性的作用下手，一個從法界下手，但最後體悟到的是一樣。

雙運即是悲智雙運，但其實我們本身也是雙運，因為我們身體裡面有紅、白菩提，紅、白菩提就變成佛父跟佛母，因此我們不需要外界，我們自己就可以形成自體雙運。接著再觀想整個法界都是紅、白菩提和合的俱生大樂明點，即整個法界全部變成金剛鍊光。

再說明一下金剛鍊光，以太陽為例，觀想整個太陽的光明聚合起來，然後縮小、縮小、再縮小，縮到無限小，盡你全部心力所能微縮的小，就是接近空的那麼小，但也不是鄰虛，而是比鄰虛更小、更小、再更小，宇宙中那麼巨大的東西，經過這一番的縮小，它的能量就變成無限大了，這虛點極微小卻最亮、最明，不是實點，而是空點，空點、空點、空點……，再聚合成一點，叫作「惟一明點」，惟一明點也是空點，無限的惟一明點再聚成佛的身體（佛身），所以佛身是由惟一明點所生，是空的，蓮師的虹光身即是如此形成，像彩虹一樣無實，可以久住世間度眾生，但也可以從空消失掉。

修到這個階段，你可以完全進入惟一明點，然後進入空而入定，但也可以從空中起來，見到法界明點。

我們現在就可以作一個簡單的訓練，首先，閉上雙眼，然後把宇宙全體諸色的光全部聚集在你的右眼，此時立即會感受到左右眼的光明馬上就不一樣了，這就是觀想有力的明證，現在左右兩眼同時放空，然後同時吸聚光明，中脈、手也可以這樣的聚積光明，全身每一個細胞都可以這樣，骨頭、肝臟或心臟不舒服就用這種方法吸聚光明，轉成光明。

若要超渡別人就用這個方式超渡，假若看到魔要殺你，你就把他變成佛，看魔要如何自處。當你看到魔被你變成佛，然後愣在那邊對你不知怎麼辦時，倒是一件饒有趣味的事，所以為什麼要跟魔相對呢？就把他觀想成佛陀就好了，他本來想海扁你一頓，這時只能拿一朵蓮花，笑瞇瞇的送給你；但先決條件是你看的是什麼。

譬如魔本來手拿著一隻寶劍要修理你，你就把寶劍觀成蓮花，魔觀想成觀世音菩薩，我們現在再作一個小小的練習，就是把眼前的地板觀想成明點聚成的地板，再用手摸摸看，或用腳碰碰看，有沒有感覺不一樣了？

這種明點觀想的應用很廣泛，譬如你出外旅行住進旅館，或碰到什麼事的時候，有很多方法可以防護，但最快的防護就是一住進去的時候，就把他觀想化成光明的明點，把他全部觀成光明明點的聚積，一下子全部淨化了。

所以很多事情的處理其實很簡單，就看一看就好了，但是其實也不用看，看也只是讓你知道我在看而已，這並不是神通，而且很多事實，業的形成，有它長遠的因素，但這會種下將來成就的因緣。

交付持明大眾

說我有說我何說　說我無示極明顯
秘密究竟金剛月　現前交付持明眾
體性忿怒大金剛　無上光明勝傳承
體性金剛心髓海　無餘受用自受樂

「說我有說我何說」，我曾說過什麼？我本性空，所以一切的言語，不過是我們心的幻影而已；一切的言說，不過是我們心的回響，所有的指示動作、教導，不過是我們心的動作而已。而佛陀也曾說過：「他說法四十九年，事實上未曾說過一字。」

「我何說」，我說過什麼呢？經云：「知佛不說法者，是名具足多聞」，但若「說我無示」，這明顯雙運道卻赤裸的現前。

所以，究竟秘密的日金剛王，現前的交付給所有的持明大眾。而我們體性忿怒的大金剛，無上明光的勝力傳承，體性金剛的心髓大海，隨我們自在受用，希望一切有緣大眾皆現前受用！現前成就！

現融惟一明點勝秘要

順覺大智本師尊　常證智頂無二分
五智妙用法界力　毛孔身分法界身

我們在這樣寂然安住的禪定中，自然收攝了。但是現在這裡筆者提供一個修持上的秘要心法。這是一個融合樂空的方法：現在全部回融到唯一明點，然後惟一明點再分化。

練習融合樂空

1.觀想頭部如燃燒的蠟燭般，開始銷融。

2.觀想身體外觀部分：手指頭、腳趾頭開始回融，密輪也一樣往內融。

3.觀想從頭融到頸部，手指回融到手臂、肩膀、腳趾頭回融到大腿，一直往內融。

4.觀想由上融下來，由下融上去，最後融到海底輪短阿字——惟一明點。

5.惟一明點化空——安住吉祥。

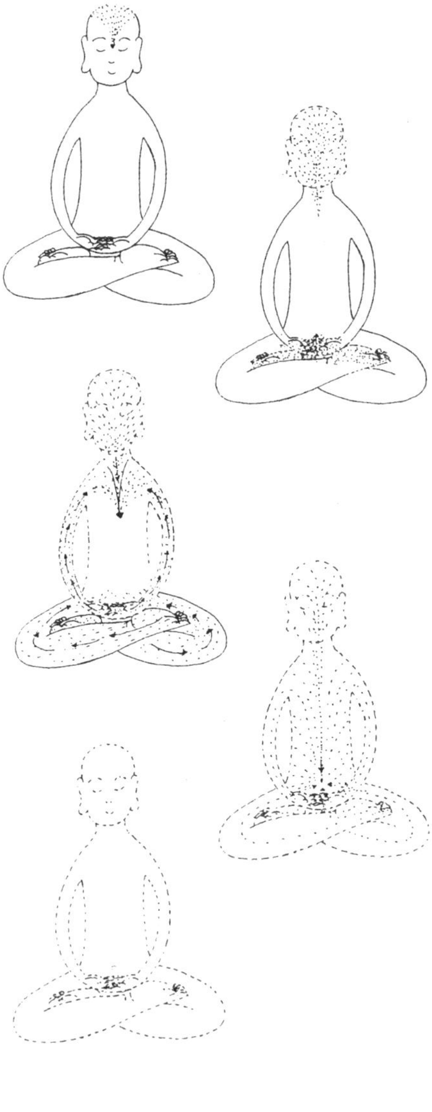

我們現在觀想從頭部開始往體內銷融，就是我們從身體外現的部分回融，我們的腳趾頭、手指頭等，如果說沒有辦法同時遍身回融，就從頭上跟腳趾先融入，如果可以觀想同時融入的就同時融入，如果沒辦法同時觀想，就一部分、一部分回融。

先觀想從整個頭部開始銷融，像燃燒的蠟燭一樣，開始往內融，蠟燭都是從中間部分先燒，融完了再從外面的部分融進去，就是這種感覺。

現在從頭頂上開始融化，腳趾、五個指頭一直融化，融化進去，手指頭也是從指端開始凹進去、內融進去，身體的密輪也是這樣內融。

從頭部融到頸部，頸部再往下融。從手指回融到手臂、融到肩膀。腳趾頭回融到腳、融到大腿，一直往內融。從頂部一直融，融到最後，融到海底輪短阿字——惟一明點。

從下面融上來，從上面融下去，到最後紅白菩提完全相融，變成惟一的明點，到時候明點化空——，就安住在此樂空寂滅的境界之中。這是很殊勝的法門。

總持口訣

密空極鞏固　極廣大成就
極秘密幻化　極融攝惟一
極喜極大樂　如幻極空空
無所得無為　法界惟一密
無性自明點　清涼勝瑜伽
秘明勝熱火　無性中自在

我們修持這忿怒母拙火瑜伽的時候，若能隨時憶持這個偈頌，方便能夠達於究竟，而不會入於偏道當中。

拙火虹身特別修習

法界同相本解脫，蘊處界身蓮華藏，
平等會注身中圍，輪圓具足自尊勝，
拙火引燃中脈空，智焰熾烈如燃燭，
頭手足指密空融，會入實相一義中，
次第流注會中脈，惟一明點菩薩珠，
豁然寂密常寂光，法爾自在尊勝王。

願一切眾生佛陀自佛自成就，共會無生法界。

附錄

法爾拙火的熱力是不可思議，但是修習拙火時，如果全身一直熱起來，這就錯了。因為修持拙火時，自身不會感覺熱，反而是很清涼，就如同善財童子參訪勝熱婆羅門所顯現的清涼之火。

以下節錄《白話華嚴經》卷第六十四入法界品第三九之五，及《火喻經》〈律藏大品〉。

善財童子參訪勝熱婆羅門

善財童子慢慢地遊行，來到了伊沙那聚落，看見那勝熱婆羅門正在修持各種苦行，求一切智。他四面聚集了如大山的烈火，其中有非常高峻的刀山，勝熱婆羅門爬到那高山上，投身進入火中。

這時，善財童子頂禮其足，合掌站立，說道：

「聖者啊！我在以前已經發起無上正等正覺之心，然而我還不知道菩薩如何學菩薩行？如何修菩薩道？我聽說聖者善於循循誘導、教誨眾生，希望您能為我解說。」

婆羅門回答：

「善男子啊！如果你現在能夠爬上這刀山，投身大火中，你就能清淨所有的菩薩行。」

這時，善財童子心裡這樣想：「能得到人身是非常難得的；能遠離各種苦難是非常難得的；能夠沒有災難是非常難得的；能夠得到清淨的法門是非常難得的；能夠遇到諸佛是非常難得的；能夠具足諸根是非常難得的；能夠聽聞佛法是非常難得的；能夠遇到善人是非常難得的；能夠碰到真正的善知識是非常難得的；能夠受持如理的正教是非常難得的；能過著如法的生活是非常難得的；能夠隨法修行是非常難得的。這個婆羅門，難道是魔指使來的嗎？會不會是魔的險惡徒黨，狡詐地示現菩薩善知識的樣子，而想使我難以增長善根，減短壽命，而障礙我修行一切智慧之道，引我進入惡道，障礙我的法門，障礙我的佛法呢？」

他正在這樣想的時候，成千上萬的梵天都在虛空中說：

「善男子啊！千萬不要有這種念頭！千萬不要有這種念頭！現在這位聖者已證得金剛焰三昧光明，發起大精進，度化所有的眾生，從不退轉。他一心只要消竭一切的貪愛大海，截斷一切的邪見縛網，燒滅一切煩心惱的薪柴，照耀一切疑惑的稠林，斷除一切老死的恐怖，破壞所有的三世障礙，放出的一切法的光明。

善男子啊！我們梵天多執著邪見，都自稱是自在者、是能作者，在世間中我是最殊勝的。但是一看見勝熱婆羅門五熱焚炙自身，我們對自己的宮殿，頓時失去了喜樂愛著。即使身處禪定也不得禪悅，於是我們就一起前來拜見婆羅門。這時，婆羅門以神通力示現大苦行，為我等說法，使我們滅除所有的邪見，除去所有的驕慢，使我們安住於大慈，普行大悲，生起廣大的心願，發起菩提意，常見諸佛，恆常聽聞妙法，在一切處，心無障礙。」

虛空中又有成千上萬的諸魔，用天摩尼寶散在婆羅門上，告訴善財童子說：

「善男子啊！這婆羅門五熱焚炙自身的時候，那光的光明，照得我所有宮殿莊嚴具的光明，都黯然無光。使我等一點兒也不心生喜樂貪著，於是我和眷屬們都前來拜見他。這婆羅門就為我們說法，使我及其他無數的天子、天女等，都證得不退轉的無上正等正覺。」

虛空中又有成千上萬的自在天王，各散天華，說：

「善男子啊！這婆羅門五熱焚炙自身的時候，那光的光明，照得我們所有宮殿莊嚴具的光明，都黯然無光。使我身處其中，一點兒也不必生愛戀貪著，於是我就與眷屬都前來拜見他。這位婆羅門就為我等說法，使我心意自由，在煩惱中得到自在，在受生中得到自在，在所有業障中得到自在，在所有的三昧中得到自在，在莊嚴具中得到自在，在壽命中得到自在，乃至能在一切佛法中得到自在。」

虛空中又有成千上萬的化樂天王，作天音樂，恭敬供養，說：

「善男子啊！這位婆羅門五熱焚炙自身的時候，那光的光明，照得我宮殿所有莊嚴器具及所有宮女不受欲樂、不求欲樂，身心柔軟，於是我們就和諸天前來拜見他。這時，婆羅門就為我等說法，清淨我們的心意，明潔我們的心意，純善我們的心意，柔軟我們的心意，使我們心生歡喜，乃至使我們得到十力的清淨之身。生出無量身，乃至使我們得到佛身、佛語、佛聲、佛心，具足成就一切智智。」

虛空中又有成千上萬的兜率天王、天子、天女，及無數眷屬，雨下妙香，恭敬頂禮，說：

「善男子啊！這婆羅門五熱焚炙自身的時候，使我們諸天及眷屬，都不再喜愛貪著自己的宮殿，於是我們就前來拜見他。我們一聽他說法，就不再貪著境界，而減少慾望，心常知足歡喜，心得充滿，並生起各種善根，發菩提心，乃至圓滿一切佛法。」

虛空中又有成千上萬的三十三天及他們的眷屬、天子、天女，前後圍繞，雨下天曼陀羅華，恭敬供養，說：

「善男子啊！這婆羅門五熱焚炙自身的時候，使我們諸天都不再喜樂貪著天樂。於是我們就共同前來拜詣他。這時，婆羅門就為我們演說一切法都是無常，容易敗壞的，於是我們就捨棄遠離所有的欲樂，斷除了憍慢放逸，只愛樂無上菩提。而且，善男子啊！我當時一看見婆羅門的時候，須彌山頂就產生六種震動，我們雖然害怕，但都發起菩提心，堅固不動。」

虛空中又有成千上萬的龍王，像所謂：伊那跋羅龍王、難陀優波難陀龍王等，雨下黑栴檀。還有無數的龍女演奏天樂，雨下天妙華及天香水，恭敬供養說：

「善男子啊！這婆羅門五熱焚炙自身的時候，那火的光明，普照所有龍的宮殿，使所有龍眾都遠離了熱沙的恐怖、被金翅鳥吞噬的恐怖。並且滅除瞋恚，得到清涼的身體，心中不再有任何的污垢穢濁，能信解聽聞佛法，厭惡龍趣，至誠地悔除業障，乃至發起無上正等正覺，安住一切智。」

虛空中又有成千上萬的夜叉王，用種種供具，恭敬供養勝熱婆羅門以及善財童子說：

「善男子啊！這婆羅門五熱焚炙自身的時候，使我及我的眷屬都能對眾生心發慈愍，一切的羅剎、鳩槃茶等，也心生慈愍。因為我們已心生慈愍，所以不再惱害眾生，他們都來見我。我和他們也不再愛樂貪著自己的宮殿，於是我與他們共同來到這裡。那時，婆羅門就為我們說法，如我們所相應的因緣而說法，使我們的身心安樂，又使無數的夜叉、羅剎、鳩槃茶等，發起無上的菩提心。」

虛空中又有成千上萬乾闥婆王：

「善男子啊！這婆羅門五熱焚炙自身，火光一照耀我的宮殿時，我們都得到不可思議的悅樂，所以我們都來到這裡。婆羅門就為我們說法，使我們得證不退轉的無上正等正覺。」

虛空中又有成千上萬的阿脩羅王，從大海出現，舒展右膝輪，合掌向前行禮，說：

「善男子啊！這婆羅門五熱焚炙自身的時候，我們阿脩羅所有宮殿、大海、大地，都震動不已，使我們無不捨棄憍慢放逸，所以我們前來拜見他。跟隨他聽聞佛法，捨棄遠離諂曲矯誑，安住安忍的境地，堅固不動，圓滿十力。」

虛空中又有成千上萬的迦樓羅王，以勇力持王為領導，幻化成外道童子的形體唱誦說：

「善男子啊！這婆羅門五熱焚炙自身的時候，那火的光明照耀並震動了我的宮殿，令人畏怖，所以我們特地前來拜見。這時，婆羅門就為我們說法，如我們所相應的因緣說法，使我們修習大慈，稱讚大悲，度脫生死大海，在五欲的泥淖中脫拔救濟眾生，讚歎菩提心，生起方便智慧，隨順眾生適宜的因緣時節，調伏眾生。」

虛空中又有成千上萬的緊那羅王在虛空中唱誦說：

「善男子啊！這婆羅門五熱焚炙自身的時候，我們所住的宮殿，所有的多羅樹、寶鈴網、寶繒帶、音樂樹、妙寶樹及樂器，能自然發出佛聲、法佛，以及不退轉菩薩僧聲、發願要求無上菩提聲。」

這聲音說：「在某個地方、某個國家，有某某菩薩，發菩提心；在某個地方、某個國家，有某某菩薩，修行苦行。凡是難以捨棄的東西都能捨棄，乃至清淨一切智行。在某個地方、某個國家，有某某菩薩，前往道場。乃至在某個地方、某個國家，有某某如來，作佛事之後，而證入大般涅槃。」

「善男子啊！如果有人粉碎閻浮提的一切草木為微塵，這些尚可了知其數，然而我宮殿中的寶多羅樹，乃至樂器所說的菩薩名、如來名，所發的大願，及所修行的一切，卻無人能夠了知其邊際。

善男子啊！我們因為聽聞佛聲、法聲、菩薩僧聲，而心生歡喜，所以前來拜詢這勝熱婆羅門。這時，婆羅門即為我們以相應的法而說法，使我們及其他無數的眾生得以得證無上正等正覺。」

虛空中又有無數的欲界諸天，以上妙的供具供敬地供養唱誦：

「善男子啊！這婆羅門五熱焚炙自身的時候，那光的光明照徹了阿鼻等一切地獄，所有受苦的眾生都得以休息。我們一看見這火光明，心中就生清淨信仰。因為這堅固的信心，使我們命終之後，得生在天上。又我們為了知恩報恩，而前來拜見他，恭敬瞻仰他的容顏，沒有滿足。這時，婆羅門就為我們說法，使無量眾生都能發起菩提心。」

這時，善財童子聽聞這些法門之後，心生歡喜，就以對待真實善知識的心看視婆羅門，以頭觸地頂禮至敬、唱誦：

「祈願聖者原諒我對大聖善知識生起的不善心，我願誠心悔過。」

這時，婆羅門就為善財說了以下的偈頌：

若有諸菩薩眾，隨順善知識教，
一切無有疑懼，安住心不動搖。
當知如是之人，必獲廣大利益，
端坐菩提樹下，成於無上正覺。

這時善財童子立刻登上刀山，投入火堆。他還沒掉到火坑時，就證得了菩薩善住三昧。才剛接觸到火焰，又證得了菩薩靜樂神通三昧。善財對婆羅門說：

「太奇妙了！聖者啊！這些刀山和大火坑，我的身體一接觸到它們時，竟是如此安穩快樂。」

這時，婆羅門就告訴善財童子：

「善男子啊！我只證得這種菩薩無盡輪解脫。如果是像諸位菩薩摩訶薩的大功德火焰，能燒盡一切眾生的見惑，使其完全無有剩餘，必定不會退轉無窮盡心、無懈怠心、無怯弱心，發起如同金剛藏那羅延心，立刻修行無遲緩心，誓願如同風輪一般，普遍受持一切精進大誓願，皆無退轉。這些功德行，我是無法宣說得盡的……。」

聽完勝熱婆羅門的教誨之後，善財童子便至心恭敬頂禮他的雙足，禮繞著他走了無數圈，才歡喜地離去。

《火喻經》巴利文〈律藏大品〉

佛陀對皈依的拜火婆羅門三迦葉兄弟及其徒眾開示聖法：

世尊在優樓頻螺住夠了，就向著伽耶山頂的方向出發漫遊；一大群比丘簇擁著他，有千人之眾，都是過去蓬頭垢面的外道。佛陀到了伽耶，就在伽耶山頂上，和那一千位比丘共同棲止。

在那裡，世尊向他們說：「比丘們啊！一切的東西都在燃燒。比丘們啊！這都在燃燒著的一切是什麼呢？」

「比丘們啊！眼在燃燒、色在燃燒、眼識在燃燒、由眼所得到的概念在燃燒，依於眼所得到的概念因而生起的感受，無論是愉快的、不愉快的，或是無有覺受的，這些都在燃燒。

這些是以什麼在燃燒呢？我說是以貪火、瞋火、癡火在燃燒；以生、老、病、死、憂、悲、苦惱、哀傷、絕望等烈火而燃燒。」

「耳在燃燒、聲在燃燒、耳識在燃燒、由耳所得到的概念在燃燒，依於耳所得到的概念因而生起的感受，無論是愉快的、不愉快的，或是無有覺受的，這些都在燃燒。

這些是以什麼在燃燒呢？我說是以貪火、瞋火、癡火在燃燒；以生、老、病、死、憂、悲、苦惱、哀傷、絕望等烈火而燃燒。」

「鼻在燃燒、香在燃燒、鼻識在燃燒、由鼻所得到的概念在燃燒，依於鼻所得到的概念因而生起的感受，無論是愉快的、不愉快的，或是無有覺受的，這些都在燃燒。

這些是以什麼在燃燒呢？我說是以貪火、瞋火、癡火在燃燒；以生、老、病、死、憂、悲、苦惱、哀傷、絕望等烈火而燃燒。」

「舌在燃燒、味在燃燒、舌識在燃燒、由舌所得到的概念在燃燒，依於舌所得到的概念因而生起的感受，無論是愉快的、不愉快的，或是無有覺受的，這些都在燃燒。

這些是以什麼在燃燒呢？我說是以貪火、瞋火、癡火在燃燒；以生、老、病、死、憂、悲、苦惱、哀傷、絕望等烈火而燃燒。」

「身在燃燒、觸在燃燒、身識在燃燒、由身所得到的概念在燃燒，依於身所得到的概念因而生起的感受，無論是愉快的、不愉快的，或是無有覺受的，這些都在燃燒。

這些是以什麼在燃燒呢？我說是以貪火、瞋火、癡火在燃燒；以生、老、病、死、憂、悲、苦惱、哀傷、絕望等烈火而燃燒。」

「意在燃燒、意念（法）在燃燒、意識在燃燒、由意所得到的概念在燃燒，依於意所得到的概念因而生起的感受，無論是愉快的、不愉快的，或是無有覺受的，這些都在燃燒。

這些是以什麼在燃燒呢？我說是以貪火、瞋火、癡火在燃燒；以生、老、病、死、憂、悲、苦惱、哀傷、絕望等烈火而燃燒。」

「比丘們啊！因此有正見的聖弟子就對眼生厭、對色生厭、對眼識生厭、對由眼所得的概念生厭、對依於眼所得的概念而生起的感受，不論是愉快的、不愉快的，無有覺受的，也都生厭。

對耳生厭、對聲生厭、對耳識生厭、對由耳所得的概念生厭、對依於耳所得的概念而生起的感受，不論是愉快的、不愉快的，無有覺受的，也都生厭。

對鼻生厭、對香生厭、對鼻識生厭、對由鼻所得的概念生厭、對依於鼻所得的概念而生起的感受，不論是愉快的、不愉快的，無有覺受的，也都生厭。

對舌生厭、對味生厭、對舌識生厭、對由舌所得的概念生厭、對依於舌所得的概念而生起的感受，不論是愉快的、不愉快的，無有覺受的，也都生厭。

對身生厭、對觸生厭、對身識生厭、對由身所得的概念生厭、對依於身所得的概念而生起的感受，不論是愉快的、不愉快的，無有覺受的，也都生厭。

對意生厭、對法生厭、對意識生厭、對由意所得的概念生厭、對依於意所得的概念而生起的感受，不論是愉快的、不愉快的，無有覺受的，也都生厭。

因為生厭，他就斷滅了貪愛，沒有了貪愛，他就得到自在，並且對自己的自在如實了知。他知道苦惱已盡，聖潔的生活已完成了，該做已做，他已不再屬於這個塵世。（我生已盡，梵行已立，所作已作，自知不受後有）」

開示完畢，一千比丘心無執著，得到了無漏心解脫。

密乘寶海02

《智慧成就拙火瑜伽》

作　　者　洪啟嵩
編　　輯　吳霈媜、莊慕嫺
美術編輯　Mindy
插　　畫　德童
封面畫作　洪啟嵩
封面設計　張士勇工作室
出　　版　全佛文化事業有限公司
訂購專線：(02)2913-2199
傳真專線：(02)2913-3693
匯款帳號：3199717004240 合作金庫銀行大坪林分行
戶　名：全佛文化事業有限公司
http://www.buddhall.com
全佛門市：覺性會館・心茶堂／新北市新店區民權路88之3號8樓
門市專線：(02)2219-8189
行銷代理　紅螞蟻圖書有限公司
台北市內湖區舊宗路二段121巷19號（紅螞蟻資訊大樓）
電話：(02)2795-3656　傳真：(02)2795-4100
初　　版　二〇〇七年六月
初版四刷　二〇一二年三月
定　　價　新台幣三六〇元
I S B N　978-986-6936-13-5(平裝)

國家圖書館出版品預行編目資料

智慧成就拙火瑜伽 / 洪啟嵩著；
-- 初版. -- 臺北市：全佛文化, 2007[民96]
面；　公分. -- (密乘寶海；02)

ISBN 978-986-6936-13-5(平裝)

1.佛教—修持
225.7　　96009943

Buddhall

Published by BuddhAll Cultural Enterprise Co.,Ltd.

BuddhAll

BuddhAll.

BuddhAll

All is Buddha.